❖ KYOAI GAKUEN UNIVERSITY BOOKLET
EXTRA ISSUE

グローカル力は
鍛錬できる

グローカル人材育成プロジェクト委員会
共愛学園前橋国際大学

上毛新聞社

KYOAI GAKUEN UNIVERSITY BOOKLET
EXTRA ISSUE

グローカル力は鍛錬できる

グローカル人材育成プロジェクト委員会
共愛学園前橋国際大学

Contents

Chapter I　いま高等教育に求められていること

I-1・社会の動きと課題 …………………………… *6*
I-2・課題への挑戦 ………………………………… *10*
KYOAI GAKUEN UNIVERSITY HARD DATA ……… *16*

Chapter II　世界基準に向けた大学の国際化　グローカル人材の育成

II-1・概要 …………………………………………… *20*
II-2・語学力 UP に向けた取り組み ……………… *24*
II-3・社会人基礎力 UP に向けた取り組み ……… *28*
II-4・異文化理解を深める取り組み……………… *36*

Chapter III　地域と協働して推進する　地域人材の育成

III-1・概要 ………………………………………… *42*
III-2・企業、自治体、他大学との連携 ………… *46*
III-3・地域人材育成プログラム ………………… *50*

Chapter IV　「エビデンスベーストの自己評価」に基づく自律的学修者の育成

IV-1・概要 ………………………………………… *56*
IV-2・学びの質向上と可視化 …………………… *60*

はじめに

　Global + Local = Glocal。Glocal は、2つの言葉を合わせた新しい造語です。日本では、1980年代に海外に進出し、進出先の国や地域に合わせた経営や商品開発をする企業を Glocal 企業と呼んでいたようです。その後、環境問題を考えるときに「Think Globally, Act Locally」という標語が用いられたことで一般に知られるようになりました。

　共愛学園前橋国際大学は、おそらく Glocal を日本で初めてコンセプトとした大学ではないかと思います。国際を名前に冠しながら、地域人材を育成するという大学の在り方は、開学（1999年）当時は一般的ではありませんでした。しかし、今では多くの大学がコンセプトに掲げるようになりました。それは、グローバル化する地域社会の中で、国際的な視野をもちながら、地域振興に力を発揮するグローカルリーダーの育成が社会の要請となっていることの証しかもしれません。

　本学の教育は、全国の学長の評価ランキングで5位（大学ランキング2018）に位置することが示すように、全国的に注目をされています。それは、これからの予測困難な時代に身に付けるべき力を涵養するための先端の教育を展開し、大学教育改革の最先端を走っているからだと自負しています。

　本書では、本学がどのようにして Glocal というコンセプトを具現化しているのかということを、Glocal 人材育成のための教育プログラムの豊富な実例をもとに紹介しています。そして、それらの学びは、アクティブ・ラーニング、PBL（問題解決学習）、サービス・ラーニングといった大学教育の質転換を形にしたものであり、社会に開かれた教育プログラムの実践例でもあります。

　本書をお読みいただく皆さまには、Glocal という今日的なコンセプトの意味と、グローカルな人材の育成の実際をお伝えできるものと思いますし、大学教育改革がこのように進んでいるということもお知りいただけるのではないかと思います。高校生の皆さんであれば、大学選びの際の視点を養っていただけるでしょう。大人の皆さまには、大学の変化を感じ取っていただけるでしょう。地域の皆さまには地域人材育成の手法を参考にしていただけるかもしれません。本書を手に取ってくださったお一人お一人にとって、本書が意義あるものとなることを祈念するとともに、日頃より本学と一体となって学びの構築の主体となってくださっている多くの皆さまに心より感謝を申し上げます。

共愛学園前橋国際大学　学長　**大森　昭生**

KYOAI GAKUEN UNIVERSITY BOOKLET
EXTRA ISSUE

Chapter I
いま高等教育に求められていること

Ⅰ-1・社会の動きと課題

Ⅰ-2・課題への挑戦

KYOAI GAKUEN UNIVERSITY HARD DATA

I−1・社会の動きと課題

高等教育に"今"求められていること

―――― 予測困難な時代 ――――

" 予測困難な時代 "2012 年に中央教育審議会が出した答申「新たな未来を築くための大学教育の質的転換に向けて〜生涯学び続け、主体的に考える力を育成する大学へ〜」の中で用いられた言葉です。

　スティーブ・ジョブズが iPhone を発表したのは 2007 年のことでした。電話が発明されてから普及するのに要した時間の何倍速もの速さで、いわゆるスマートフォンは世界中の社会生活においても、職業生活においても不可欠なツールとなりました。しかし、どれほどの人がこのことを予測できていたでしょうか。これからも、AI に代表されるような技術革新が次々と起こり、ものすごいスピードで社会は変化し続けていくでしょう。さらに、私たちが暮らす日本は未曽有の少子高齢化社会へと歩みを進めており、世界の誰も知らない人口構造を持った社会へと変化しています。

　このような変化の中、私たちが 20 年後、30 年後の社会を予測することはまさに困難です。そういった時代における学びは一体どうあるべきか。これが今、大学教育、いや教育全体に課せられている課題なのです。

―――― グローバル化と地方創生 ――――

　International という言葉を最近はあまり耳にしなくなりました。今、世界は Global と表現されます。それは、世界が国境を超えたところで動いていることを表しているのでしょう。私たちが立っているこの場所もグローバル社会の一部であるといえます。

ですから、自分がどこで生活しようとも、どこで仕事しようとも、このグローバル化という流れと無関係でいることはできなくなっているのです。

　一方で、アジア、日本、そして日常の生活圏といった地域には、それぞれの良さがあり、独自の課題もたくさんあります。特に、日本における大きな課題は地方創生です。首都圏、大都市への一極集中と少子化は、全国の地方都市から人口と活力を奪おうとしています。共愛学園前橋国際大学が位置する群馬県でも、「上毛かるた」にうたわれた「力合わせる200万」は過去のものとなり、約20年後の2040年には160万人台に、40年後の2060年には120万人台に県人口が推移すると予測されています。この急激な人口減少はまだ誰も経験したことがありません。労働人口も消費人口も減少すれば経済活動が縮小し、自治体の税収が落ち込み、教育や福祉に影響が出ることなどが容易に想像できます。

　グローバル化と地方創生は、どの地域においても避けられない大きな課題であって、その中で、私たちはどのような力をつけることでこの課題に向き合っていけるのかを真剣に考えなければいけない時に来ているのです。

大学改革・教育改革の方向性

　このような社会環境の変化、社会的な課題をうけて、国は大学改革に本格的に動き出しました。2012年に文部科学省が発表した「大学改革実行プラン」では、

　①大学教育の質的転換と大学入試改革

　②グローバル化に対応した人材育成

　③地域再生の核となる大学づくり

がその柱として掲げられました。それに呼応する形で、国立大学に対しては、卓越した海外大学と肩を並べる教育研究の推進、特色のある教育研究の推進、地域に貢献する教育研究の推進の3類型に応じた支援を展開しています。また、私立大学には、私立大学等改革総合支援事業を創設し、教育の質転換、地域発展、産業界・他大学との連携、グローバル化の4タイプの改革進展に応じた支援を展開しています。

　さらに、国公私立を超えて大学改革を支援するための取り組みも始まりました。まず、2012年に「グローバル人材育成推進事業（GGJ）」（後に「スーパーグローバル大学

等事業 経済社会の発展を牽引するグローバル人材育成支援」へ改称）を開始しました。この事業は、若者の「内向き志向」を克服し、グローバルな舞台に積極的に挑戦し活躍できる「人財」の育成を図るため、大学教育のグローバル化を推進することを目的としています。その後、2014年には、国際通用性、国際競争力の強化に取り組む大学の整備を目的として「スーパーグローバル大学創成支援事業（SGU）」が開始されました。

地域再生の核となる大学づくりでは、2013年から「地（知）の拠点整備事業（大学COC事業）」が開始されました。この事業は、地域と連携し、全学的に地域を志向した教育・研究・社会貢献を進める「地域のための大学」、地域課題解決に向けて主体的に行動できる人材を育成する拠点大学を形成することを目的にしています。その後、2015年には、地方公共団体や企業などと協働して、魅力ある就職先を創出するとともに、地域が求める人材を養成するためのカリキュラム改革を行うことによる若者の地域定着を目的として「地（知）の拠点大学による地方創生推進事業（COC＋）」が開始されました。

そして、教育質転換では、2014年に「大学教育再生加速プログラム（AP）」を開始。アクティブ・ラーニング、学修成果の可視化、入試改革・高大接続などの優れた取り組みを行う大学への支援を展開しています。このプログラムはその後、長期学外学修プログラムと卒業時における質保証をテーマに加え、2016年より「大学教育再生加速プログラム（AP）『高大接続改革推進事業』」として稼働しています。

そして現在、大学のみならず教育界全体が進めているのが高大接続改革といわれるもので、大学入試センター試験の廃止が大きなトピックとして注目されています。大学は、初等教育、中等教育（中学・高校）までに培う学力の3要素（①十分な知識・技能、②それらを基盤にして課題解決するための思考力・判断力・表現力などの能力、③主体性を持って人々と協働して学ぶ態度）を適切に評価して入学者を選抜すること、入学後もその力を伸長させ、社会へと接続するジェネリックスキル（汎用的能力）へと昇華させることが求められているのです。

2012年度 「グローバル人材育成推進事業(GGJ)」採択校

【タイプB（特色型）】

1 筑波大学	9 神戸大学	17 共愛学園前橋国際大学	25 法政大学
2 埼玉大学	10 鳥取大学	18 神田外語大学	26 武蔵野美術大学
3 東京医科歯科大学	11 山口大学	19 亜細亜大学	27 明治大学
4 東京工業大学	12 九州大学	20 杏林大学	28 創価大学
5 一橋大学	13 長崎大学	21 芝浦工業大学	29 愛知大学
6 東京海洋大学	14 愛知県立大学	22 上智大学	30 京都産業大学
7 新潟大学	15 山口県立大学	23 昭和女子大学	31 立命館大学
8 福井大学	16 北九州市立大学	24 東洋大学	全31校

2015年度 「地(知)の拠点大学による地方創生推進事業(COC+)」選定校

【COC+申請校】

1 室蘭工業大学	12 新潟大学	23 神戸大学	34 高知大学
2 弘前大学	13 富山大学	24 奈良女子大学	35 北九州市立大学
3 岩手大学	14 金沢大学	25 和歌山大学	36 佐賀大学
4 秋田大学	15 福井大学	26 岡山県立大学	37 長崎大学
5 東北学院大学	16 山梨大学	27 広島市立大学	38 熊本大学
6 山形大学	17 信州大学	28 鳥取大学	39 大分大学
7 福島大学	18 岐阜大学	29 島根大学	40 宮崎大学
8 茨城大学	19 静岡大学	30 山口大学	41 鹿児島大学
9 宇都宮大学	20 三重大学	31 徳島大学	42 琉球大学
10 共愛学園前橋国際大学	21 京都工芸繊維大学	32 香川大学	
11 千葉大学	22 滋賀県立大学	33 愛媛大学	全42校

2014年度 「大学教育再生加速プログラム(AP)」選定校

【テーマⅠ・Ⅱ複合型】

1 宇都宮大学	8 玉川大学	15 関西大学
2 金沢大学	9 東京電機大学	16 関西国際大学
3 山口大学	10 東京理科大学	17 比治山大学、比治山大学短期大学部
4 長崎大学	11 創価大学	18 宮崎国際大学
5 大阪府立大学	12 産業能率大学	19 京都光華女子大学短期大学部
6 共愛学園前橋国際大学	13 金沢工業大学	20 福岡医療短期大学
7 芝浦工業大学	14 京都外国語大学	21 岐阜工業高等専門学校

全21校

Ⅰ−2・課題への挑戦

共愛学園前橋国際大学という"答え"

ここまで見てきた社会環境の変化、社会的な課題、そして大学教育改革の方向性に一つの回答を提示しているのが共愛学園前橋国際大学です。

──── 共愛学園前橋国際大学の成り立ち ────

　共愛学園は、1888（明治21）年に前橋英和女学校として産声を上げました。以来、群馬県前橋市で130年近く教育研究に励んできた群馬県で最古の私立学校です。また、共愛学園には、共愛学園こども園、共愛学園小学校、共愛学園中学校、共愛学園高等学校、そして共愛学園前橋国際大学があります。0歳から社会人学生まで、子ども、児童、生徒、学生が約2,800人在籍している群馬県内唯一の総合学園です。

　共愛学園前橋国際大学は、1988年に開学した共愛学園女子短期大学を改組し、男女共学の4年制大学として1999年に開学しました。国際社会学部の中に、英語、国際、情報・経営、心理・人間文化、児童教育の5つのコースを有し、文系の学問領域を網羅する総合性を担保しています。

　共愛学園前橋国際大学の建学の理念は「共愛・共生の精神」です。これは、「私があなた方を愛したように、互いに愛し合いなさい」という聖書の教えに由来しています。学園名の「共に愛する」は、今日的に理解するならば「共に生きる」ということであることから、長い間共愛学園に受け継がれてきた理念でもあります。また、学生中心主義と地域との共生をモットーとし、「ちょっと大変だけど実力がつく大学」をキャッチフレーズにしています。

　およそ1,000人の学生のうち約85％は群馬県出身、卒業時には約8割が群馬県内で就職をする共愛学園前橋国際大学は、「地域から人材を預かり、地域に還す」ことを

▲共愛学園前橋国際大学1号館（正門から望む）

通して、地域の人材育成の核となってきました。学生は、在学中にさまざまな場面において大学運営や学びの共同体構築に参画します。まさに、学生が中心になって大学を動かしているといっても過言ではありません。卒業時に行うアンケートでは、例年9割以上の卒業生が「この大学に入学して良かった」と答えており、自分の大学に誇りを持って卒業しています。教員と職員もその職域の垣根を越えて学生のためになるかどうかという一点を共有して協働しており、地学一体（地域と大学）、教職一体（教員と職員）、学職一体（学生と教職員）により、これまでにない大学のあり方を世界に提示しているのが、共愛学園前橋国際大学であるといえます。

── Global＋Local=Glocal ──

　すでにお話ししたように、国際社会とは、今や Global であり、同時に Local でもあります。ゆえに、Global な視野を持ちながら、それぞれが立脚する Local でしっかりと活動する、すなわち、Glocal な人材が今求められています。本学の国際社会学部は、「国際社会のあり方についての見識と洞察力を持ちながら、国際化も含む地域社会の諸課

題にも対処できる人材の養成」を目的にして、日本で初めて設立された学部です。つまり、開学時から Glocal な人材の育成を目指してきたのです。ですから、さまざまな分野の学びを通じて幅広い視野を得られるカリキュラムと、自分にあった専門力を養えるカリキュラムが共存し、海外体験や地域体験の機会も多い、全く新しい性質のこの学部で、国際社会の真の意味を体得することができるのです。

　地域に根差しながら、地域と世界をつなぎ、海外の人材、物流、活力を地域に取り込み、地域の振興を先導する人材こそ本学が育成する Glocal 人材であると考えています。この Glocal 人材は地域と世界をつなぐために、英語を中心とした語学力や主体性・積極性などのジェネリックスキル、そして異文化理解と地域人としてのアイデンティティーを持ち合わせることが必要です。それらを育成するために、本学ではたくさんの海外留学・研修プログラムを用意し、また独特の語学学習の仕組みを導入しています。さらに、地域の企業や自治体、教育委員会と一体となって、海外や地域での実践的な学びのプログラムを開発し、実施してきました。本学の学びのキャンパスは世界へと、そして地域へと無限に広がっています。

　カリキュラム上においては、グローバル力を伸長させる「Global Career Training 副専攻」(後述 p23)、地域人力を伸長させる「Regional Career Training 副専攻」(後述 p52) を設定しており、「次世代の地域社会を牽引するグローカルリーダー」育成に取り組んでいます。

── Active Learning と学修成果の可視化 ──

　「アクティブ・ラーニング」という言葉を耳にしたことはあるでしょうか。共愛学園前橋国際大学の学びの特徴はまさにその「アクティブ・ラーニング」にあるといえます。800 弱ある授業科目の約 80% にアクティブ・ラーニングの要素が取り入れられています。また、アクティブ・ラーニングのために設計された KYOAI COMMONS という校舎があり、キャンパス内どこでも Wi-Fi につながるユビキタスキャンパスも構築しています。

　これからの社会は、変化が激しく、将来の予測が困難であることは先に述べました。私たちは、そのような社会に貢献し、影響を与えながら、その社会と共に生きて

いくことになるのです。予測困難な社会においては、知識を持っているだけでは生き抜くことができません。柱となる知識や技能を持ち、それらを活用しながら主体的に人々と協働して問題に対処していかなければいけないのです。先生が一方的に講義をし、学生が受け身でそれをただ聴くだけの授業では、そのような力は身に付きません。アクティブ・ラーニングは、学ぶ側が主体的、協働的に参画する学修手法です。教室の中では、ディスカッションがあったり、プレゼンテーションがあったりします。海外や地域に出て行っては、企業と協働して課題に取り組むPBL（Problem Based Learning：問題解決学習）や、地域の子どもたちを支援しながら学ぶサービス・ラーニングがあります。アクティブ・ラーニング、PBL、サービス・ラーニングといった最先端の学びは、私たちのマインドを「教わる」から「学ぶ」へと変換します。主体的に、そして協働しながら学ぶ中で、知識は定着し、社会が求める力を育てることになります。それは、ちょっと大変かもしれませんが、必ず力がつきます。

　第Ⅳ章で詳しく述べますが、共愛学園前橋国際大学では、そのような学びの成果を可視化し、キャリアへと接続していく「Kyoai Career Gate」という最先端の取り組みをしています。その基盤となるのが、社会と共に歩んでいくために、そしてしっかりとキャリアを重ねていくために必要な力である「共愛12の力」です。学生は、教室の中で、世界で、地域で取り組まれるさまざまなアクティブ・ラーニングを通して、この「共愛12の力」を育んでいきます。

▲ 2012年にアクティブ・ラーニングのために専用設計された
KYOAI COMMONS（4号館）

―――― 地学一体の学びと社会からの評価 ――――

　もう一つ、共愛学園前橋国際大学の学びを語る上で欠かせないのは、学びが社会と密接に連携している、という点です。すでに、共愛学園前橋国際大学のキャンパスが世界や地域に無限に広がっていることはお話ししました。それはつまり、大学の外のさまざまな人々と一体となって教育が展開されていることを意味します。一般的には社会連携教育と呼ばれるこのような学びのことを、本学では連携からさらに一歩踏み込んだ地学一体教育と表現しています。地学一体、すなわち地域と大学が一体になって教育をすることですが、この言葉の意味することは、単に大学が主となり地域の方々がそれをお手伝いするということではありません。地域の皆さんも主体となって次代の地域を担う学生を育ててくださるという意味を含んでいるのです。この後にお話しする、4カ月間にわたる長期のインターンシップ（後述p50）はまさにその典型です。環境をテーマに企業人と一緒にPBLに取り組む授業も、地域企業の現地法人へ赴いてのグローバル研修も、公立小学校に勤務するフィールド学習も、県や市、企業による寄付講座もそうです。数えきれないほどの方々が本学の学びを主体的に創ってくださっています。

　同じように、大学では高校生の皆さんの学びをも創りだしています。公立高校の授業を大学が担当する試み、授業でソーシャルビジネスを企画する高校生へ大学生がアドバイスに行く連携、高校生が大学に来て大学生と一緒にアクティブ・ラーニングをする取り組み、本学のKyoai Career Gateと呼ばれるポートフォリオシステム（後述p62）を高校生に開放する取り組みなどがそれにあたります。いわゆる高大接続と呼ばれる中でも「真の取り組み」が展開されています。

　このように社会とも高校ともつながる共愛学園前橋国際大学では、高校の先生や地域の企業人をメンバーとする「地域人材育成協議会」を立ち上げ、高校から大学、そして産業界へと一貫して接続していく学びをどのように創っていくべきかを話し合っています。高大接続だけはなく、産学連携だけでもなく、高大産連携の新たな取り組みです。

　また、大学同士でも連携をしています。地元の前橋工科大学との連携協定、地域連携教育の長い実績を持つ松本大学との連携協定、高校生が大学で取得した単位をお互いに認めることを約束する杏林大学との連携、入試改革や学修成果の可視化を共同で

開発する関西国際大学との連携、そして、明治学院大学とは地方創生志向の国内留学制度を整えました。この国内留学制度は本学の学生が半年〜1年間東京で学び、明治学院大学の学生が群馬に戻って就活をするときに本学で学ぶことができる仕組みです。

　このように、社会と一体となって学びを創りだしていくと、当然ながら社会からの評価もいただくことになります。これまでの実績が認められ、先に挙げた文部科学省の4大事業であるGGJ、COC、COC＋、AP全ての事業に本学は選出されています。この4事業を同時に展開しているのは、全国で2大学のみです。ゆえに、文部科学省補助事業採択ランキングは全国の私立大学の中で6位という高い位置にあります。また、大学認証機関である大学基準協会からは全国に先駆けて3回目の認証を受けました。全国の大学の学長が選ぶ「教育の制度や成果で注目する大学」では、全国800弱ある大学のうちで5位をいただきました（『大学ランキング2018』朝日新聞社出版）。年々受験生も増え、入学試験の難易度も上昇していることや、就職率が約99％（2016年度）というのも評価の一つかもしれません。

　現在の社会環境、社会的課題、そして大学教育改革に回答を提示しているのが共愛学園前橋国際大学であると述べたのは、このような取り組みと評価に裏付けられてのことなのです。

▲4号館（KYOAI COMMONS）のGroupwork Areaで日々学生は議論を重ねている

KYOAI GAKUEN UNIVERSITY 1

HARD DATA

- 所　在　地　群馬県前橋市小屋原町1154-4
- 創　　　立　1999年
- 学部／学科　1学部1学科
　　　　　　　国際社会学部国際社会学科
　　　　　　　英語／国際／情報・経営／心理・人間文化／児童教育　5コース
- 学　生　数　1,021人（2017年5月）
- 留　学　生　26人
- 教　員　数　30人
- 職　員　数　28人

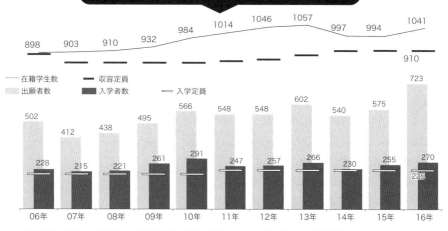

在籍学生数・出願者数・入学者数推移

※出願者・入学者・入学定員には3年時編入［5名定員］含ます　※2016年在籍学生数は4月1日時点での暫定値

学生出身高校
群馬県内 **85%**
※2017年4月時点

海外提携大学校数
22校
※2017年4月時点

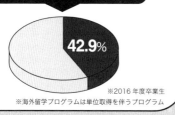

海外留学プログラム経験者
42.9%
※2016年度卒業生
※海外留学プログラムは単位取得を伴うプログラム

就職率
98.9%
※2016年度卒業生調査

YOAI GAKUEN UNIVERSITY 2

教育的側面

アクティブ・ラーニング(AL)「何を知っているか」だけではなく、「知っていることを使ってどのように社会・世界と関わり、よりよい人生を送るか」ということが重要であり、識・技能、思考力・判断力・表現力等、学びに向かう力や人間性など情意・態度等に関わるもの等を総合的に育む教育法。題解決型学習、グループディスカッション、フィールドワーク等の授業が挙げられる。

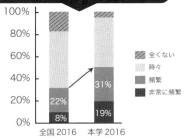
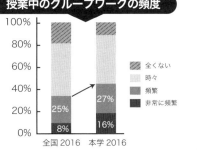

データで見る学生の成長とその実力

【専攻過程を通じて○○する力は向上したと思いますか？】　（JUES：オーストラリア教育研究所・河合塾）

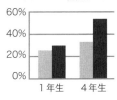
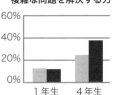
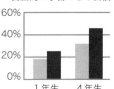
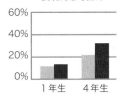
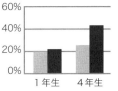

〈対象学生〉
1年3990人（うち本学129人）
4年生2977人（うち本学83人）

AL比率 82% ※2016年度

AL実践専任教員 100% ※2016年度

本学に入学してから、力が身に付いた
【2015年卒業生アンケート】
90.3%

授業満足度
【2014年卒業生アンケート】
88%

KYOAI GAKUEN UNIVERSITY 3

大学ランキング

私立大学
文科省支援事業採択ランキング
6位

1位	芝浦工業大学	9件
2位	金沢工業大学	8件
3位	関西学院大学	7件
	上智大学	7件
	福岡工業大学	7件
6位	関西大学	6件
	共愛学園前橋国際大学	6件
	慶応義塾大学	6件
	明治大学	6件
	早稲田大学	6件

※6位は他8大学あり

学生数1000人以上3000人未満
外国人教員の比率（規模別）
5位

順位	大学	比率
1位	会津大学	37.5%
2位	国際基督教大学	35.1%
3位	大阪経済法科大学	27.3%
4位	名古屋商科大学	24.4%
5位	共愛学園前橋国際大学	19.4%
6位	福岡女子大学	18.8%
7位	広島文教女子大学	17.3%
8位	神戸女学院大学	17.0%
9位	神戸市外国語大学	15.7%
10位	公立はこだて未来大学	15.4%

教育面で注目！
学長からの評価ランキング
5位

順位	大学	点数
1位	金沢工業大学	69
2位	国際教養大学	64
3位	国際基督教大学	40
4位	東京工業大学	27
5位	共愛学園前橋国際大学	26
6位	立教大学	21
7位	立命館アジア太平洋大学	20
8位	近畿大学	16
9位	立命館大学	15
10位	愛媛大学	14

出典：「大学ランキング2018」（朝日新聞出版）

分野別ランキング
国際性
27位

1位	立命館アジア太平洋大学
2位	大阪経済法科大学
3位	東京国際大学
4位	麗澤大学
5位	上智大学
6位	東京外国語大学
7位	福岡女子大学
8位	山梨学院大学
9位	国際基督教大学
10位	北陸大学
27位	共愛学園前橋国際大学

全学生に占める
留学経験者の割合（短期）
2位

順位	大学	割合
1位	梅光学院大学	17.4%
2位	共愛学園前橋国際大学	15.4%
3位	聖路加国際大学	14.0%
4位	デジタルハリウッド大学	12.9%
5位	新潟県立大学	12.2%
5位	福岡女子大学	12.2%
7位	国際基督教大学	11.6%
8位	山口県立大学	11.5%
9位	東京外国語大学	11.3%
10位	お茶の水女子大学	10.5%

全授業に占める
「アクティブ・ラーニングで行われる授業」の割合
18位

順位	大学	割合
1位	宇部フロンティア大学	100
1位	国際基督教大学	100
1位	東京福祉大学	100
4位	東京外国語大学	97.8
5位	長崎国際大学	94.7
6位	茨城県立医療大学	92.6
7位	国際教養大学	90.6
8位	大阪女学院大学	81.3
18位	共愛学園前橋国際大学	68.0

※基礎ゼミ、課題ゼミ等を除く

出典：「THE 世界大学ランキング 日本版2017」（ベネッセコーポレーション）

KYOAI GAKUEN UNIVERSITY BOOKLET
EXTRA ISSUE

Chapter II
世界基準に向けた大学の国際化
グローカル人材の育成

II-1・概要

II-2・語学力 UP に向けた取り組み

II-3・社会人基礎力 UP に向けた取り組み

II-4・異文化理解を深める取り組み

II-1・概要

大学教育のグローバル化と
グローカル人材の育成

──── International から Global へ ────

　第1章でも述べた通り、現在の世界は国境を越えたところで動いており、私たちが暮らしているこの場所もグローバル社会の一部です。そうした国際社会においては、政治も、経済も、ビジネスも、生活も、常にグローバルな視点に立って動いています。これまで国内で通用してきたやり方が世界で通用するとは限らず、安穏としてはいられない時代になったのかもしれません。

　グローバル社会の中で、大人たちは「日本のプレゼンス（存在感）を高めていきたい」と考えています。それは、国際舞台で活躍する人材が育ってほしい、という想いであるともいえます。国際舞台で、なかなか答えの見えない課題に立ち向かえる人材。自分の意見をしっかりと主張しつつも、相手との WIN-WIN な関係を築ける人材。日本にとっても相手国にとっても、あるいは自分の組織にとっても相手の組織にとっても、有用な結論を導き出せる人材。そんな人材が育ってほしいという想いです。そしてそれは、東京にいても、ニューヨークにいても、そして群馬にいても同じように期待される力です。

　私たち一人一人の暮らしを考えてみましょう。仕事も生活もグローバル化する中で、どの職場においても、どの地域においても、グローバルな視野や異文化を理解し、異文化間での課題も解決していくことができるような力は、私たち自身が幸せな人生を送るためにも必要なことなのかもしれません。「私は一生海外には行かない」と考えている人でも、グローバル化に大きく影響を受けている社会と共に生きていく以上、避けては通れない問題です。

大学のグローバル化

　さて、大学において「グローバル化」という場合、2つの側面があります。一つは当然ながら、このグローバル社会の中で活躍できる「グローバル人材」を育成するための教育のグローバル化です。もう一つは、大学自体が教育も、研究も、大学運営も、世界の大学と渡り合って、世界の学生から選ばれる大学に成長するという大学自体のグローバル化です。

　第1章で紹介したように、文部科学省では、大学におけるグローバル化を進めるために、2012年度に「グローバル人材育成推進事業」を開始し、全国42の大学を拠点に選定して推進してきました。また、2014年度には「スーパーグローバル大学等事業」を開始し、その中で、先の「グローバル人材育成推進事業」の名称を変更した「経済社会の発展を牽引するグローバル人材育成支援」と「スーパーグローバル大学創成支援事業」の2つの取り組みを展開してきました。「スーパーグローバル大学創成支援事業」は、「大学改革」と「国際化」を断行し、国際通用性、ひいては国際競争力の強化に取り組む大学の教育環境の整備支援を目的としており、まさに大学自体のグローバル化を加速させる取り組みです。「経済社会の発展を牽引するグローバル人材育成支援」は、若い世代の「内向き志向」を克服し、国際的な産業競争力の向上や国と国の絆の強化の基盤として、グローバルな舞台に積極的に挑戦し活躍できる「人財」の育成を図るため、大学教育のグローバル化を推進する取り組みを行う事業で、まさに人材育成のための教育改革に主眼を置いています。

グローバル人材の育成に向けて

　ところで、グローバル人材とはどのような素養を持った人材を指すのでしょうか。文部科学省では、
　①語学力によるコミュニケーション能力
　②主体性・積極性、チャレンジ精神、協調性・柔軟性、責任感・使命感
　③異文化に対する理解と日本人としてのアイデンティティー
以上を、グローバル人材が持つべき素養として挙げています。これらの素養は日本国

内で活躍するためにも必要ですが、とりわけ国外の、いわばアウェーの地においても、いかんなく発揮できることこそが求められているのかもしれません。

　共愛学園前橋国際大学では、このような素養を養うために、大学教育の国際標準化を進めてきました。学期ごとに TOEIC を使って実施される英語のプレイスメントテストと習熟度別少人数クラス編成。中国語を第一外国語とするインテンシブプログラム。全国に先駆けて導入したインターネット（Skype）による海外講師との１対１での英語学修。外国語センターによる学修支援や English Academic Peer Tutor によるピア学修支援。e-Learning を活用した Self-study 制度。そして英語のみで行う講義の増加といった語学力向上の取り組み。また、TOEIC、TOEFL、GTEC、英検といった外部試験を入試へ導入しています。

　アクティブ・ラーニングを活用した講義はゼミ等を含めると８割以上で、厳格な成績評価やナンバリングによるカリキュラムマップ[*1]、GPA 制度[*2] や CAP 制度[*3] の導入といった単位制度の実質化に向けた取り組み、外国人教員や海外で教育・研究の経験を有する教員の比率を高めることなど、国際標準化を支える基盤的な取り組みが着実に展開されています。

　さらに、英語コースの留学必修化と 20 以上の海外大学との協定・覚書の締結を基盤とする多彩な海外留学・研修プログラムによって、学生の海外経験比率は短期研修で全国２位に位置付いています（THE 世界大学ランキング日本版 2016）。さらに、多様な国々との交換留学の制度も整え、国際交流を促進することを通して、語学力のみならず異文化に対する理解も深めていく環境が整っています。

　また、共愛学園前橋国際大学では語学力、グローバルで必要な知識やスキル取得を目的とする「Global Career Training 副専攻」を設置しています。どのコースに所属する学生でもチャレンジすることができ、指定科目を 30 単位以上取得することで修了証書が授与されます。

── 海外に出ることだけがグローバル人材？ ──

　さらに、共愛学園前橋国際大学の取り組みを特徴づけているのは、グローカルリーダーを育成することを目的としているところです。本学では、地域に根差しながら、

地域と世界を繋ぎ、海外の人材、物流、活力を地域に取り込み、地域の振興を先導したり、グローバル化する地域課題を解決したりする人材のことを「次世代の地域社会を牽引するグローカルリーダー」と呼び、その育成に努めています。

　グローバル人材というと世界に飛び立ち、国際舞台で活躍する人材をイメージしがちです。しかし、日本国内においてもグローバル化の波は押しよせてくるし、むしろ地方こそがその波の中に放り込まれているともいわれています。特に、群馬県のようにものづくりと農業を基盤にした県では、グローバルな視野をもって仕事をマネージメントできる人材こそが必要とされています。

　本学では、教育の国際標準化を進めることと並行して、地域と一体となった教育プログラムを生み出してきました。地域人としてのアイデンティティーを持ちつつ、グローバルな視野や素養を持ち、世界に飛び立つのではなく、地域に根づきながら、グローバル化する次世代の地域を牽引できる人材、そしていざとなったらいつでも海外に赴き、海外のカウンターパートと WIN-WIN の関係を築くことができる人材を育てるプログラムです。地域の教育委員会と一体となった海外でのインターンシップや地域の企業と一体となった海外でのビジネス研修など、これまでのグローバル教育にはない発想の取り組みが始まっています。

　地域の未来を作り出す皆さんにこそ、グローバル力は求められています。そして、飛び立つだけがグローバル人材ではないということをもう一度確認しておきたいと思います。

*1：授業科目に適切な番号を付し分類することで、学修の段階や順序等を表し、教育課程の体系性を明示する仕組みを利用し、科目群の体系性を示したもの
*2：欧米の大学や高校で一般的に使われている国際的な成績評価制度
*3：講義内容を深く身に付けることを目的として、学生が一年間に履修できる科目（単位数）の上限を定めた制度

Global Career Training 副専攻
　グローバル人材に必要となる知識、スキルの修得を目的に 2013 年度に開設。語学（Global Language Intensive）、理論・スキル（Global Skills）、実践（Global Project Work）の 3 領域で構成される。Global Skills 科目は全て英語で行うアクティブ・ラーニング型授業となっている。また、Global Project Work は異文化理解を深める研修からアウェーの地で行うビジネス課題解決型研修まで幅広く準備している。30 単位以上の修得で修了証を授与する。

II-2・語学力UPに向けた取り組み

One on One English

海外在住の英語講師と
マンツーマンの英会話レッスン

　本学のグローカル教育の一つに、語学学習があります。特にメインとなるのは英語学習ですが、学習を進める上で大切なことは、話すこと・聞くことに慣れ親しむことです。もちろん、語彙力、文法力も大切な要素ではありますが、話すこと、聞くことは自分一人でできるものではありません。そして、レベルの異なる学生が一緒になって学ぶのも非常に難しいといえます。そこで本学では、通常の英語学習はTOEICスコアにより分けた少人数授業を行っています。

　さらには、究極のレベル別学習として、インターネット（Skype）を利用した海外講師とのマンツーマンの講義「One on One English」を2013年度より取り入れました。海外講師は英語を公用語とするフィリピン人であり、フレーズを繰り返すことにより英語脳をつくっていくカランメソッドを教える資格を持っています。学生は講師の英語を聞き、同じフレーズを繰り返し発話します。基本はその繰り返しで、講師と会話をしていくうちに英語脳を育んでいきます。海外講師は20人以上在籍しており、学生が自分に合った講師を選んで受講できるのも魅力の一つです。大学内には外国籍英語教員もいますが、さまざまな英語スピーカーと話すことは学生にとってもいい経験になります。

　また、この講義はパソコンで学ぶe-Learningもセットで学習することにしています。このe-Learningは、語学学習で一般的に必要とされる3技能（読む、書く、聞く）に留まらず、話すことにも対応しているものであり、学生のSpeaking能力を伸長させます。

　これらの講義ではパソコンを利用します。大学内でパソコンを設置している専用ブース（19席）以外に、自宅での受講も可能です（e-Learningは大学の専用ブースでのみ受講可能です）。また、海外講師とのオンライン講義は予約制となっており、フィ

One on One English

リピンの休日を除き毎日予約可能です。時間も朝8時から深夜0時まで受講可能で、学生にとっても非常に利用しやすいものとなっています。

「One on One English」は前期・後期ともに開設しており、それぞれ50名を定員としています。卒業までに本学の約4割の

▲専用語学学修ブースは9:00〜20:30まで利用可能。周りが全員英語レッスンしているため、恥ずかしがることなく受講できる

学生が受講します。受講した学生のTOEICスコアは平均して直近のスコアより38ポイント高くなっており(2016年度)、特にリスニングパートのスコアの伸長が目立ちます。中には200ポイント以上スコアを伸ばした強者もいました。修了者の共通した声としては、英語を話すことに恐れがなくなったということが挙げられます。専用の個別ブースや自宅という環境において、間違っても講師に修正してもらいながら話し続けるということが、その気持ちを醸成したといえるでしょう。

なお、語学力を伸長させるには、海外語学研修も重要であり、本学ではアメリカ、カナダ、オーストラリア、アイルランドへの4週間から8カ月の語学研修プログラムも準備しています。

◆ One on One English 履修者の TOEIC スコア推移 (2016年度前期)

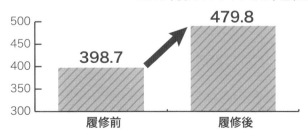

2016年度スコアアップした学生(26人)平均

II-2・語学力UPに向けた取り組み
カフェレッスン&イベント

お茶を飲みながら気軽に会話
４カ国語のカフェレッスンを開催中

　通常の語学講義以外にも、本学では英語、中国語、フランス語、韓国語の語学力伸長を図る仕掛けをしています。

　英語においては、ネイティブの専任教職員が月に１〜２回主催する「Coffee & Talk」、グローバル事務局のスタッフが週に１度主催する「Drink English」という場があります。これらは、リラックスしながらフリーテーマで話し合う場であり、ルールは英語で話をするというただ１点。講義以外にも英語で話す機会が欲しい、という学生の声により始まりました。

　「Drink English」を例に挙げると、学生が参加しやすいよう昼休みの時間に設定されており、軽食を食べながら参加できるようになっています。参加者にはポイントカードを配布し、１回参加するとスタンプ１個、10個貯まるとプレゼントがもらえるという仕掛けをすることにより、学生の継続参加意欲を高めています。最初は、日本人同士で英語を話すことに違和感のある学生や、他人の目が気になる学生もいましたが、学生の気になるテーマ（ゼミの選び方、海外研修、就職活動、恋愛話など）で話をしていくうちに、発言が増えていきました。企画が始まった当初の参加者は２〜３人でしたが、今では20人ほどの学生が常に参加しています。

　また、「Drink English」学生企画イベントとして、「英語 de お好み焼き」も開催されました。留学生と英語で会話をしながら日本のお好み焼きを一緒に作る、という内容で、国内留学に近い内容のイベントが学生主体で行われています。

　同様に、中国語については、中国籍の教員が週に１度、講義の空き時間に「ニーハオ中国」というカフェレッスンを行っており、中国語検定の上級取得を目指す学生が参加しています。また、フランス語については、フランス語圏コートジボアールに在住経験のある職員が月に２度「Petit Café France」を開催。韓国語については、韓国

カフェレッスン＆イベント

籍の教員が夏季の韓国語学研修に向けて週に1度「アンニョハセヨ韓国語」を開催しています。本学の第1外国語は英語もしくは中国語ですが、第2外国語として人気の高いフランス語、韓国語のカフェレッスンを定期的に行っているのも特徴となっています。

▲毎週金曜昼休みに4号館 International Area で行っている「Drink English」では、マジメな経済の話から恋バナまでテーマはいろいろ

す。これらのカフェレッスンで語学に興味を持った学生が、海外への語学研修や異文化研修にも参加し始めています。

その他にも、語学力を高める取り組みとして、語学に関するさまざまな学内コンテストを行っています。TOEIC点数UP対策に「ボキャブラリーコンテスト」、英作文能力向上対策に「ライティングコンテスト」、掲げられたテーマに基づき英語でプレゼンする「スピーチコンテスト」も行っています。これらのコンテストの運営には学生チューターも携わっています。

本学には学生チューター制度があります。英語に関する「アカデミックピアチューター」、中国語に関する「中国語チューター」などです。学生チューターは、「コンテストに出てみたいけれども自信がない」「自分の英語は本当にあっているのだろうか」などの相談に乗るのはもちろん、レポートの相談、講義の予習・復習のアドバイスなども行っており、学生が学生をサポートするシステムが円滑に稼働しています。

また、在学生向けに、外国語センター職員が勉強会を開催し、TOEIC対策を行っています。

入学前の学生へも、TOEIC対策講座を開催するとともに、留学ガイダンスを行い、入学後の語学学習のモチベーションアップへとつなげています。

II−3・社会人基礎力UPに向けた取り組み

海外研修サポートインターン

中学生を引率してアメリカへ 一味違うインターンシップ

　本学では、伊勢崎市と協働して「海外研修サポートインターンシップ」というプログラムを行っています。インターンシップといっても、企業での就業体験という通常のインターンシップとは異なり、中学生を指導する教員の仕事および生徒を海外へ引率する旅行社の仕事を現場で学ぶという内容です。このプログラムも単位化（2単位）された講義です。履修を希望する学生は、伊勢崎市の各中学校から選抜された中学3年生70人のアメリカ・ミズーリ州立大学への語学研修に同行・引率し、サポートを行います。この講義には将来教員を目指す学生、さらに一段上の経験を求める学生が参加しています。中学生の海外研修ということで、もちろん英語の指導も含まれるため、参加する学生には英語能力も問われます。

　海外研修に参加する中学生はほとんどが初めての海外なので、徹底した事前研修を実施します。8月の出発に向けて5月の結団式後から準備が始まり、月に1〜2回土曜日や放課後に集まって学習します。その内容は、日本出国、アメリカ入国、現地で行う日本文化を伝えるお祭りでの出し物の準備、伊勢崎市の魅力を伝えるプレゼンテーションの準備など多岐にわたり、本学の学生もこれらの事前研修に毎回参加し、中学校教員と交わりながら生徒への指導、サポートを行います。また、8月上旬から2週間の現地語学研修実施時には、中学生と同じく現地大学の学生寮に滞在し、朝のラジオ体操から就寝にいたるまで教員のサポートを行う一方、生徒の悩み相談などメンタル的なフォローも行っていきます。教員を目指す学生が行う通常の教育実習とも異なり、オフの時間にも生徒と接する時間が多いため、中学生への接し方を身をもって学ぶことができます。

　帰国すると、中学生の保護者、中学校教員および伊勢崎市民向けに帰国報告会が行われ、中学生の体験発表に加え、学生も自身の活動を報告します。研修を通して学ん

海外研修サポートインターン

だことを多くの人の前で報告することも学生の成長につながっていきます。また、伊勢崎市広報課と協働で、研修の様子を記事にして市の広報に掲載します。編集者として生徒とともに原稿を作成し、記事にしていくことも、貴重な経験となっています。

▲中学生の英語サポートをはじめ、朝にはラジオ体操リーダーも務めている

研修中は、中学校教員と生徒の間で全体の協調を意識し、指示を待って動くのではなく、周りの情報を常に収集し、全体の調和を常に意識して行動することが求められます。また、一緒に履修する仲間との連携も重要となります。講義を修了した学生は、研修終了後の自己評価において、「実行力」「情報把握力」「規律性」が特に伸びたと感じているようです。

◆ 中学生語学研修引率スケジュール （2016年度実績）

事前研修
- 5/7 ▶結団式
- 5/17 ▶英語研修
  （アメリカの文化・歴史・生活）
- 6/11 ▶ふるさと学習
  （伊勢崎の産業・歴史）
- 6/22 ▶英語研修
  （入国審査練習、プレゼン準備）
- 7/22 ▶サンデンUSAとのライブミーティング
- 8/2 ▶英語研修（プレゼンテーション準備）

本研修
- 8/4 ▶本隊アメリカへ出発
- 8/5 ▶英語レッスン、実地研修
  ※サポートインターン合流
- 8/6 ▶1DAYホームステイ
- 8/7 ▶実地研修（テーマパークなど）
- 8/8 ▶英語レッスン、レクリエーション
  レクリエーション、野球観戦
- 8/12 ▶サマーフェスティバル準備・本番、学童クラブ訪問
- 8/13 ▶プレゼン発表、ダラスへ移動
- 8/14 ▶実地研修（JFKミュージアムなど）
- 8/15 ▶サンデンUSA訪問
- 8/16 ▶ダラス出発
- 8/17 ▶成田着

事後研修
- 8/22 ▶英語研修
  （本研修振り返り、スピーチ準備）
- 8/27 ▶帰国報告会準備
- 9/3 ▶帰国報告会

Column

国際コース　3年　茅（かや）　晟檀（のぼる）さん

前橋国際大学は海外研修に対するサポートがしっかりしているので、在学中になるべく多くの海外経験を積みたいと考えていました。「海外研修サポートインターン」に参加したきっかけも、語学研修ではできない経験ができると考えたことと、奨学金のサポートをいただけたことでした。実際に、中学生の引率という貴重な経験を積ませてもらいました。また、現地の学生やスタッフとも行動する機会が多く、会話を通してlisteningとspeakingを磨くことができました。

II−3・社会人基礎力UPに向けた取り組み

ミッショングローバル研修

アウェー環境で、ビジネス課題をチームで解決
修羅場と成功の経験が得られる研修

　本学のグローバル人材教育の特色ある学びの中に、この「ミッショングローバル研修」があります。グローバル人材に必要なマインドセットを鍛える、本学の厳しい研修として学生にも有名ですが、グローバル人材とは、どのような人材でしょうか？英語が話せる人材でしょうか？語学力があることに越したことはありませんが、本学では、語学力に依存しすぎないコミュニケーションも必要だと考えています。実際に、これからの日本企業がグローバル化になっていくとはいえ、英語圏にばかりマーケティングが広がるとは限りません。また、世界の言葉を全て勉強する時間には限りがあります。

　そこで、必要となるのが語学力に依存しすぎないコミュニケーション力です。それに加え、この研修では、自ら考えて行動する主体性、突破力・行動力、マルチ対応力、パッションを持って巻き込む力、メンタルタフネス、どこでもやっていける自信・意欲も鍛えられます。

　本研修はタイで行われますが、事前学修として、本学でプレゼンテーションの基礎講座、マーケティング講座の特別学修を行い、事後の研修は群馬のグローバル企業である、サンデンホールディングス株式会社様で最終報告会として、企業人の前でプレゼンテーションをします。

　個人または決められたチームで、毎朝9時に現地企業よりミッション（課題）が出されます。そして、夕方4時までには、現地企業に報告できるように集合しなければなりません。その毎日のミッションだけでなく、1週間で解決しなければならないミッションも、リアルな仕事と同じようにマルチタスクで出されています。

　ある日のチームミッションで、現地企業より「タイ学生顧客を増やすためのプロモーションを考案せよ！」という課題が出され、チームで行動計画を立ててから、各担当に別れバンコク市内に飛び出していきます。観光大国タイランドとあって、バンコク

ミッショングローバル研修

▲現地では限られた時間内にアンケート調査から発表資料作成を行う

市内では、英語が通じる環境ですが、年齢、場所、アンケート方法によってはタイ語でしか通じないところもあります。はじめは戸惑っている様子の学生が多いですが、時間が迫ってくるにつれ、突破していくようになります。自然と自ら考え、そのときの状況に対応していく様子が見られます。動き方、作戦、企業への提案のプレゼンテーションもさまざまな手法で行われていました。学生だから出る発想は、非常に面白いです。企業への提案も、実際に行い、評価もいただきます。ミッションを達成できれば、実際に企業でアイディアを採用してもらうことができます。本研修が終了し帰国後、プレゼンテーションをさらにブラッシュアップして、サンデンホールディングスで最終報告会を行います。

過去のミッショングローバル研修経験者には、群馬で起業した学生、群馬イノベーションアワードで入賞した学生たちが輩出され活躍しています。

Column

情報・経営コース　4年　**佐藤　愛美**さん

　私は英語が壊滅的に苦手で、入学当初は海外に行くなんて全く考えていませんでした。しかしこの研修は、「自分のできることでチームに貢献すればやり遂げられる」研修だと聞き、参加を決めました。現地では、英語ができない分、プレゼン作成や発表に力を注ぎました。ミッションを遂行する上で一番大変だったのは、相手が何を求めているかをくみ取ることでした。厳しさは想像以上でしたが、その分プレゼン力や思考力がついたと実感しています。

II−3・社会人基礎力 UP に向けた取り組み
海外ティーチング研修

海外の小学校で授業を行う グローバルな教育実習

　本学は、2015年度に南オーストラリア州教育庁と教師育成プログラム協定"Agreement on teacher training programs"を締結しました。南オーストラリア州アデレードには、1年生から日本語を学ぶ小学校が数多くあり、日本文化に関心が高いことが大きな理由です。この締結を受けて、「海外ティーチング研修」が始まりました。この研修は、英語で日本文化を教えることを第1の目的としていますが、それだけではありません。研修を受け入れる公立の Rose Park Primary School は国際バカロレア（IB：International Baccalaureate）の Primary Years Program（PYP）の認定を受けているため、単にオーストラリアと日本の教育の違いを体験するだけでなく、国際教育に不可欠とされる人間の共通性に基づく教育内容と教育手法を知ることができる研修となっています。

　「海外ティーチング研修」は3週間の研修です。1週目は Thebarton Senior College に滞在し、教育庁から本学のために、現地の小学校や教育庁での勤務経験のある教員を派遣してもらい、オーストラリアの歴史や教育について英語で講義をしてもらいます。日本でも導入が進んでいるアクティブ・ラーニングの手法を取り入れた教育方法などについても学ぶことができます。その他、語学力向上のために、現地の学生に交じって英語のレッスンを体験したり、小学校で実践する模擬授業を行って助言をもらったりします。Thebarton Senior College は United Nations（国連）Global Peace School に認定されており、語学の講義や朝食プログラムなどを通して多様な国から学びに来ている学生と交流し、さまざまなバックグランドを持つ学生が懸命に学習している姿を知ることができます。

　2週目は私立の Westminster Primary School で教育研修を行います。ここでは実際に英語で授業を行います。さらに、日本語担当の教員が日本人であるため、第2言

海外ティーチング研修

語としての日本語の教え方や日本文化への理解の深め方について学ぶことができます。それらを通して、第2言語としての英語の教え方に応用できる知見を得ます。また、お昼休みには、小学生が学習した日本語で話しかけてくれたり、さまざまな遊びに誘ってくれたりするため、授業とは違った貴重な時間を過

▲ 2016年度プログラム参加者・引率教員とオーストラリアの小学生

ごせます。研修中にちょうど運動会が開催されるため、日本とは異なる運動会の種目や家族との交流についても知ることができます。

最終週は、Rose Park Primary Schoolで研修のまとめを行います。この小学校では、学生1人ずつが担当のクラスに配属され、日本語の授業を担当するだけでなく、配属先のクラスで過ごす中で教育内容や手法について学びます。また、英語を母語としない児童のためのESL（English as a Second Language）クラスが開設されており、授業に参加する児童が英語を習得していく様子を見学することができます。日本人の小学生も数人在籍しており、彼らを授業中にサポートしたり、土曜日に行われている日本語補習校を見学したりもします。

この研修ではホームステイも経験します。休日にはオーストラリアの自然や文化を体験できる博物館や美術館、Cleland Wildlife Parkに行ったり、Glenelgのビーチで遊んだり、充実した時間を過ごします。本研修は語学研修ではありませんが、学生にとっては英語を話すことに抵抗がなくなり、学習意欲がさらに高まるので、継続してTOEICをはじめとする英語運用能力の向上にも意欲的に取り組むことができています。

Column

児童教育コース　4年　**中里　美穂**さん

英語力に不安はありましたが、こんな機会はこの大学でしかないと思い参加しました。日本で指導案を作成し、実際に現地で4回授業を行った他、ホームステイも経験しました。研修を終えて、まず、英語がもっと好きになりました。英語を使うことで、さまざまな人と交流できる楽しさを知りました。また、オーストラリアの子どもたちはすごく積極的で、授業や交流を通して日本の児童への教授法も見つけられ、教員としての引き出しを増やすことができました。

II−3・社会人基礎力 UP に向けた取り組み
児童向けグローバル教育ワークショップ

小学生を対象としたイベントを学生だけで企画・運営する

　本学は、立地する前橋市の隣に位置する伊勢崎市と、2008 年度に「学校教育活動への支援に関する覚書」を結びました。この協定に基づく活動の一つとして、「児童向けグローバル教育ワークショップ」があります。これは伊勢崎市の小学 6 年生を対象に、本学の学生がグローバルをテーマとしたイベントを実施するものです。このワークショップには 2 つの目的があります。一つは、伊勢崎市の児童に対し、昨今急速に進む地域のグローバル化を意識してもらうこと。もう一つは、学生が「グローバルというテーマのもとで企画を立案し、それを実行に移すことによって発想力や実行力といった社会人基礎力を高めるということです。このワークショップの企画・運営は授業となっており、単位化（2 単位）されています。もちろん授業ですので教員がつきますが、教員はあくまで学生の考える力を引き出すことに注力するファシリテーターに徹します。

　例えば、2016 年度は 11 人の学生が履修しました。「グローバル」というテーマは決まっていますが、具体的な内容は何も決まっていません。前年の企画も一切知らされないため、学生たちは何から手をつけていいか手探り状態でした。そこで教員（ファシリテーター）が物事の考え方や、意見の整理方法などを教え、会議の結果、リオ五輪も開催されることから「オリンピック」を具体的テーマに決めました。その後、学生たちはイベント期間として用意された 2 日間を午前・午後の 4 グループに分け、それぞれの時間で何をするか、プログラムを立案していきました。ただ、小学 6 年生というのは大学生にとって 5 年以上も昔のことであり、児童が何を考えているか理解するのは難しいことでした。そこで、伊勢崎市教育委員会の配慮で小学校 6 年生の英語授業を見学することにより、児童の現状を把握してプログラムの難易度を見直したりもしました。履修した学生には教員志望の学生や、英語コースに在籍する学生がおり、協働して「どうすると児童が学び楽しめるか」四苦八苦することで、企画運営する力を身に付けるこ

児童向けグローバル教育ワークショップ

とができました。

イベントは児童40人が参加し、全児童の保護者より本ワークショップについて「満足した」というアンケート回答をいただきました。

本イベント終了後、11人の学生に成長の自己評価をしたところ、多くの学生が「責任感」の成長を実感しており、目的である学生の社会人基礎力が向上したといえます。

▲3カ月準備した自分たちの企画を小学生が楽しんでくれるのがなによりうれしい

◆ 研修の流れ

事前研修（5月～7月）
・イベント内容企画
・近隣小学校見学
・備品準備ほか
→ リハーサル（前日）
・最終確認
→ イベント本番
（2日間）

◆ イベントスケジュール（2016年度）

参加児童（伊勢崎市内小学6年生）39人
履修学生　11人

	1日目	2日目
AM	ゲームを楽しもう！ALT先生と楽しもう！ ※英語によるアクティビティ	Tシャツをつくろう！ ※午後のOlympicに向けチームユニフォームを作成
PM	チーム対抗（5カ国巡り）チームラリー！ ※世界を知るためのスタンプラリー	KYOAI Olympic ※国別に分かれてさまざまな競技を体験

Column

児童教育コース　3年　**横坂　真優**さん

何もない状態から企画を考えるのがとても楽しかったです。私は児童教育コースに所属しているので、イベントの企画や運営についても、「こうしたら児童はどう思うかな」とつい児童中心に考えてしまうのですが、他コースから参加した学生は視点が全く違っていておもしろいと感じました。イベント当日も、児童の興味を惹きつけるのが上手な学生の様子を観察したり、児童の反応を学んだりでき、さらに教員になりたいと思うようになりました。

II-4・異文化理解を深める取り組み

海外への興味

海外への興味がどんどん湧いてくる先輩やゲスト講師の体験談

　グローバル人材の資質を育む重要な経験として、海外体験があります。本学では語学研修、異文化体験研修から課題解決型研修まで30以上のプログラムを準備しております。これらの研修に参加した学生が後輩に対し、入学前の新入生向け留学ガイダンス、プログラム別の海外研修説明会、各ゼミなどで話をする機会を多く設定しているのが特徴です。学生は海外研修プログラムに参加した先輩の生の声を聴くことにより、参加への意欲が高まっていきます。

　また、グローバルビジネスセミナーと称して、外部よりスピーカーを招き海外事情を話してもらうことも海外への興味を増す要因となっています。過去に外国大使、外国人閣取、大使館職員、海外日本法人勤務経験者、海外活動NPO職員など多岐にわたるゲスト講師を招きました。

▲鳴戸親方（元大関琴欧洲）を招き、ブルガリアの文化・生活についての講義を行った

海外への興味

◆ グローバルビジネスセミナー

開催年度	開催日	テーマ	講演者
2013	5月14日	「アメリカにおける」多文化主義	アメリカ大使館広報部特別補佐官　クリスティン・シン
	10月10日	ブルガリアコネクション	駐日ブルガリア共和国大使館書記官　ダニエラ・ニコロヴァ 日本ブルガリア経済委員会事務局長　佐々木　文徳
	11月13日	ブルガリアの魅力 ～その歴史・文化・人～	駐日ブルガリア共和国大使　ゲオルギ・ヴァシレフ
	11月25日	Global Leadership	サンデン　タイ現地法人代表　中澤　健治
	12月19日	Gunma Innovation Meeting in University 第1回　地域と世界をつなぐグローカル・マインド	ジンズ　代表取締役　田中　仁 コシダカホールディングス　代表取締役　腰高　博 相模屋食料　代表取締役　鳥越　淳司
2014	6月23日	ブルガリアと私	元大相撲力士　琴欧洲親方（現　鳴戸親方）
	10月16日	政治・経済から見るブルガリア私論	日本ブルガリア経済委員会事務局長　佐々木　文徳
	1月20日	海外で働く、Be a Global Leader	伊勢崎市教育委員会　学校教育課　指導主事　町田　博幸
2015	6月9日	異文化コミュニケーション	鎌塚グローバル教育研究所　代表　鎌塚　俊徳
	6月17日	ブルガリアの文化と生活	ブルガリア共和国駐日大使館　書記官　ゲオルギ・コストフ
	11月23日	仕事や Global Leader	2013年度卒業生
	12月1日	台湾文化と政治	政策研究大学院大学 科学技術イノベーション政策研究センター ポストドクトラルフェロー博士　黄　俊揚
	12月8日	世界とブルガリアのクリスマス	元大相撲力士　琴欧洲親方（現　鳴戸親方）
	1月26日	The Wonders of Tokyo	フィリピン　サン・カルロス大学　教授 Corazon Gaanan Anzana
2016	7月5日	国際協力 in ネパール	JICA群馬デスク　国際協力推進委員　西梨月
	9月26日	世界へ羽ばたく学生へ	在バーミングハム名誉領事のマーク・ジャクソン
	11月8日	Multicultural Co-Existance	群馬県多文化共生推進士　園田　基博

Ⅱ－4・異文化理解を深める取り組み

II-4・異文化理解を深める取り組み

国際寮

留学生が集うシェアハウスで一緒に生活する貴重な体験

本学では、2016年3月に、国際寮 Kyoai International House をオープンしました。これは、協定締結大学からの交換留学生向けの大学寮です。2017年度は、西安外国語大学（中国）、醒吾科技大学（台湾）、ヴェリコ・タルノヴォ大学（ブルガリア）、ディミトリエ・カンテミール大学（ルーマニア）、バリア・ブンタウ大学（ベトナム）から各2人、計10人が来日し、この寮で生活しています。

交換留学生は所属大学にて日本語を専攻しており、日本語能力検定2級以上の語学力があります。しかし、全員が初めての日本での生活ということもあり、本学の学生が、一緒に寮に住み込んで生活をサポートするレジデンスアシスタント（通称RA）、日本の生活に慣れるための各種イベント企画をする学生サポーターという形でバックアップしています。RAは、学生から公募し書類選考、面接を経て採用されます。勤務形態により授業料全額、半額、1/4が免除されます。RAの主な業務内容は、交換留学生の生活支援全般、寮内の美化や環境の維持、キッチンなどの共用設備利用およびごみの分別指導、設備の故障などの大学職員への報告などです。

RAと学生サポーターは大学の教職員からなる国際寮運営委員会に所属しています。寮の円滑な運営を目的とした会議を定期的に行い、寮内での出来事を報告・共有し、年間を通してイベントの企画立案を行います。

▲交換留学生のウェルカムパーティー。定期的に大学寮ではイベントを実施

ウェルカムパーティー、夏祭り、クリスマスパーティー、餅つき大会など、交換留学生以外の通常留学生と日本人学生が一緒に接する機会をつくり出し、学内においても異文化を経験する場を設けています。

◆ 学術交流協定等締結大学一覧

協定等締結日	大学名	国名	内容
2013.2.12	リムリック大学	アイルランド	学生派遣合意書
2013.2.13	マッコーリー大学	オーストラリア	学生の派遣
2013.2.14	ワイカト大学	ニュージーランド	学生の派遣
2013.5.31	ヴェリコ・タルノヴォ大学	ブルガリア	学術交流協定　①教職員、研究者の交流　②学部学生および大学院生の交流　③学術資料、出版物および相互に関心のある情報の交換
2013.8.14	ミズーリ州立大学	アメリカ	学生の派遣
2013.8.30	上海大学	中国	学生の派遣
2014.3.1	サンカルロス大学	フィリピン	共同事業の実施
2014.3.1	ビサヤ大学	フィリピン	共同事業の実施
2014.3.26	ブリティッシュ・コロンビア大学	カナダ	学生の派遣
2014.8.13	ランガラ大学	カナダ	学生の派遣
2015.2.9	ボンド大学	オーストラリア	学生の派遣
2015.2.24	オックスフォード・ブルックス大学	イギリス	学生の派遣
2015.2.27	上海交通大学	中国	学生の派遣
2015.3.31	南オーストラリア教育庁	オーストラリア	教師育成プログラムの実施
2015.6.25	長栄大学	台湾	1.教員、学生の交流 2.文化交流 3.共同学術研究および学術情報の交換
2015.6.30	東呉大学	台湾	学生の派遣
2015.8.7	慶熙大学	韓国	学生の派遣
2015.8.26	バリア・ブンタウ大学	ベトナム	1.教職員、研究者の交流 2.学部学生および大学院生の交流 3.学術資料、出版物および相互に関心のある情報の交換
2016.2.11	ディミトリエ・カンテミール大学	ルーマニア	1.教職員、研究者の交流 2.学部学生および大学院生の交流 3.学術資料、出版物および相互に関心のある情報の交換
2016.9.15	タマサート大学	タイ	学生の派遣
2016.11.2	醒吾科技大学	台湾	1.教職員の交流 2.学生の交流 3.学術、科学研究プログラムの連携 4.会議およびイベントなどの共同開催 5.両大学の利益に関わる分野の情報共有
2016.12.1	西安外国語大学	中国語	学生、教員、管理者の相互交流

Column

本市と大学とはまさに「パートナー」の関係です

伊勢崎市教育委員会　学校教育課　指導主事
町田　博幸さん

　伊勢崎市教育委員会では、将来の社会を担う人材を育成するために、地元の企業や大学と「カリキュラムパートナー制度」を締結し、教育活動の充実を図っています。これまで共愛学園前橋国際大学の皆さんとは、地域の人材育成や知の拠点としての視点で多くの協働事業を進めてきました。

　本市では、文部科学省教育課程特例校として、小学校1年生から英語を教科として取り入れ、世界で通用する英語コミュニケーション能力の育成を目指しています。また、ふるさとに誇りとグローバルな視野を持つ人材に育ってほしいと「ふるさと学習」をはじめとする「シティズンシップ教育」にも積極的に取り組んでいます。それらはまさに、共愛学園前橋国際大学が掲げる「グローカル教育」と合致していると感じています。

　具体的な取り組みでは、海外語学研修でのサポートインターン研修、児童向けグローバル教育ワークショップなどを協働事業として行っており、大学の学生さんが本市の小学生、中学生と交流しています。また、先生方にも出前授業や講演会などを通して、伊勢崎市の子どもたちや教員と関わっていただいています。幼～大学まで一貫して同じ地域で子どもたちを育て、将来的に地域を活性化させていく、ということに共に取り組めるのは本当に素晴らしいことだと思います。

　研修などで接する共愛学園前橋国際大学の学生さんは、本当に素直で吸収力がありますね。どんな提案、アドバイスをしても「はい。やります」と素直に返事が来るし、接遇もしっかりしています。日頃の先生方の指導、学生同士の切磋琢磨の賜物だと思います。彼らの今後の成長が楽しみです。

　これからの社会で求められるのは、多様性の中で生活しながら、自分はどうしていくのか、自ら意思決定、自己決定できるような人材です。大森学長の言葉を借りると、「自分が主人公」という意識を持てる人材ということでしょうか。伊勢崎市でもそんな市民を育てたいと思っています。そのためにも、共愛学園前橋国際大学の皆さんとは、今後もさまざまな場面でコラボレーションをしていきたいですね。

Chapter III

地域と協働して推進する地域人材の育成

Ⅲ-1・概要

Ⅲ-2・企業、自治体、他大学との連携

Ⅲ-3・地域人材育成プログラム

Ⅲ－1・概要

地域で活躍する人材を育て、定着させる産官学連携の一大プロジェクト

　本学は開学以来、一貫して、「国際社会のあり方について見識と洞察力を持ち、国際化に伴う地域社会の諸課題に対処することのできる人材を養成すること」を教育の目的に掲げ、「地域との共生」を大学運営の指針としてきました。実際に、本学に入学する学生の84.7％は群馬県出身者で、卒業生の81％が地域の企業などへ就職しています（2016年度）。すなわち、本学は地域から学生をお預かりし、地域にお還しする大学である、といっても過言ではありません。

　2014年度、本学は文部科学省「地（知）の拠点整備事業（大学COC事業）」に採択されました。COCとはCenter of Communityの略称です。現在、地方都市の課題は多様ではありますが、活性化という一点で共通しています。本学を取り巻く前橋市、伊勢崎市、そして群馬県は、それらの課題に「地域ブランド向上」と「地域（産業）人材の育成」で立ち向かおうとしています。地域ブランドの低迷と人材の外部流出は連関しており、地域の活力の維持にとって大きな課題です。地域ブランド向上のための取り組み、そして、次代の地域を担う人材、地域産業の中核を支える人材の育成は急務であり、「地域志向」を掲げる本学の役割でもあると考えました。

　上記の課題を解決するために、地域と大学が一体となって「持続的地（知）の拠点」の形成を目指す、「地学一体化加速プロジェクト」を推進しました。本学が標榜する「地学一体化」とは、例えば、地域人材育成について大学が取り組むことに地域が協力する、地域の活性化に大学が協力するというような、地域と大学が別々の組織として連携・協力することから始め、互いがその課題を「自分事」として捉えて取り組む文化を醸成することを意味しています。そのために、前橋市と一体的な「COC推進本部」を設置し、伊勢崎市と群馬県とも連携しながらさまざまな事業を展開。地域志向科目の必修化、地域実践演習、サービスラーニングターム（半年間の地域留学）などの教育改

◆ 文部科学省推進事業

事業名	採択年度 採択校数	目的
「地（知）の拠点整備事業（COC）」 （5カ年事業）	2013年度 52校 2014年度 25校	本事業は、自治体を中心に地域社会と連携し、全学的に地域を志向した教育・研究・社会貢献を進める「地域のための大学」として全学的な教育カリキュラム・教育組織の改革を行いながら、地域の課題（ニーズ）と大学の資源（シーズ）の効果的なマッチングによる地域の課題解決、さらには自治体を中心に地域社会と大学が協働して課題を共有しそれを踏まえた地域振興策の立案・実施まで視野に入れた取り組みを進める。 これにより、大学での学びを通して地域の課題などの認識を深め、解決に向けて主体的に行動できる人材を育成するとともに、大学のガバナンス改革や各大学の強みを生かした大学の機能別分化を推進し、地域再生・活性化の拠点となる大学を形成する。 【共愛学園前橋国際大学】　※2014年度採択 事業名：地学一体化加速プロジェクト：持続的「地（知）の拠点」創成へ 数値目標（抜粋） ❶地域志向科目数（2018年度末）　9科目⇒**20**科目 ❷長期インターンシップ参加学生数（2018年度末、5か年累計）　0人⇒**25**人 ❸サービスラーニングターム（2018年度末、5カ年累計）　選択学生数：0人⇒**50**人 ❹卒業生に占める共愛コア科目（2018年度末）「地域理解」科目群（地域志向科目）単位取得学生の割合　92%⇒**100**% ❺人材育成諸取組参加学生数（2018年度末）　90人⇒**500**人
「地（知）の拠点大学による地方創生推進事業（COC＋）」 （5カ年事業）	2015年度 42校 （申請校） ※私立大学は2校のみ	本事業は、大学が地方公共団体や企業などと協働して、学生にとって魅力ある就職先の創出をするとともに、その地域が求める人材を養成するために必要な教育カリキュラムの改革を断行する大学の取り組みを支援することで、地方創生の中心となる「ひと」の地方への集積を目的とします。 【共愛学園前橋国際大学（申請校）】 事業名：持続的地方創生共同体形成プログラム：若者定着県域総ぐるみ計画 参加校：高崎商科大学、上武大学、明治学院大学 参加自治体：群馬県、前橋市、高崎市、伊勢崎市、富岡市 参加企業など：県内13団体 協力校：群馬大学、群馬県立女子大学、群馬県立県民健康科学大学、前橋工科大学、高崎健康福祉大学、東洋大学・板倉キャンパス、群馬医療福祉大学 数値目標（申請校＋参加校　一部抜粋） ❶県内就職率（2019年度末）　49.5%⇒**60.0**% ❷県内協働機関へのインターンシップ参加者数（2019年度末）　45人⇒**140**人 ❸県内協働機関からの寄付講座数（2019年度末）　2講座⇒**9**講座 ❹県内協働機関数（2019年度末）　0機関⇒**35**機関

革を進めています。

　2015年度には、「地（知）の拠点整備事業（大学COC事業）」を発展させる取り組みとして「地（知）の拠点大学による地方創生推進事業（COC＋）」がスタートし、本学も「COC＋申請大学」として採択されました。地方創生の中心となるのは「ひと」です。とりわけ若者の外部流出は問題であり、群馬県においても、進学や就職を要因とする若い世代の県外への流出が続いています。そこで、より多くの地域（産業）人材を育成するとともに、大学進学時、就職時に、若者が群馬県内に留まる・戻る環境の整備に取り組むことを通して、「ひと」の地域への集積を推進し、地方創生に寄与する取り組みを推進する「若者定着県域総ぐるみ計画」を開始しました。地域の人材を預かり、成長させ、地域に還元するという役割の本学にとっても、中心的な位置を占める事業になっています。

　「若者定着県域総ぐるみ計画」を成功させるためには、まず、より多くの大学、地方公共団体、企業などが目標を一つにした協働組織を形成して、各々の役割を担っていく県域総ぐるみの体制を構築する必要があると考えました。そこで、協働組織「C3PG（Consortium Center of Community Plus in Gunma）」（後述p48）を構築し、その規模をますます拡大させていくことを基盤に据えました。

◆ 大学・短大進学者の就職先イメージ図

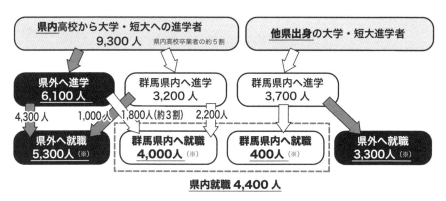

（※）2015年3月県内高校卒業者をベースに県労働政策課推計（概数）

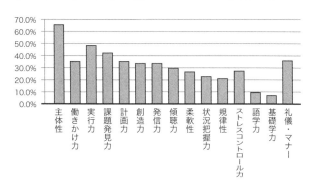

◆ 地元企業が大学に伸ばしてほしい学生の力

次に、地元企業を対象に行ったヒアリング調査の結果から、地域が求める人材を明確に定義し、必要な能力が身に付く人材育成カリキュラム、プログラムを構築しました。COC事業で展開した地域志向科目や地域実践演習、サービスラーニングタームといったキャリア教育や社会連携教育プログラムの一部を統合し、全コースの学生を対象とする「Regional Career Training 副専攻（後述 p52）」を開設。本カリキュラムをモデルとして他大学と共有し、より多くの地域人材養成の環境を整備するとともに、この副専攻を広く企業などに周知し、具体的な雇用へと結びつけます。

若者が地域へ就職しにくい理由の一つに「地元の企業を知らない」ということが挙げられます。素晴らしいものづくり、社会貢献を行っている企業でも、前橋市内の大学生にすら知られていない、という声が多々聞こえてきます。また、企業のことを知らないのは学生のみならず、大学も同様です。逆に地元企業も地元大学がどのような教育をし、どんな人材を育てているかを知らないというケースもあります。すなわち雇用創出においては、地道な活動ではありますが、企業と学生、企業と大学が互いを知るという取り組みこそが求められているのです。

そこで、本学・COC+参加校・協力校（p49参照）を中心にした合同企業説明会、就業を念頭に置いた実践的インターンシップ、企業と大学の合同交流会などを行っています。質と量の両面において学生と企業との接点を増やすことによって、互いの理解が深まり、地元就職につながると想定しています。

また、群馬県内の高校出身者で県内の大学に進学した学生のうち、県内に就職する人の割合は70.3%である、という調査結果があります。一方で、群馬県内から県内大学への進学は、進学者のうちの34.4%に留まっています。そこで、県内高校と県内大学との一層の交流の場を持ち、県内進学率を向上させることも重要だと考えています。

Ⅲ－2・企業、自治体、他大学との連携
前橋市との連携

地域全体をキャンパスにして幅広い学びに取り組む

　地域（産業）人材を育成するには、いわゆる社会人基礎力を有することと、地域人としてのアイデンティティーを有することが必要となります。そのためには、PBL（Problem Based Learning：課題解決型授業）などのアクティブ・ラーニングをより多く展開し、学生が参画できる企画を増加させること、そしてこれらの活動を地域の中で実施していく必要があります。受講生は多様な学びの中で社会人基礎力を高めつつ、地域への愛着と地域人としてのアイデンティティーを涵養することができます。

　本学と前橋市は、大学COC事業が始まる前からさまざまな連携事業を展開してきましたが、「地域一体化加速プロジェクト」を推進するために、既存プロジェクトの充実と、新規プロジェクトの発足に取り組みました。

　例えば、地域実践演習の一つである「Mキッズサミット」は、前橋市生涯学習課、中央公民館、NPO教育支援協会北関東と本学の学生がチームを組んで行うプロジェクトです。参加した学生はチームのメンバーと一緒に、前橋市内の小学生を対象に『Mキッズサミット〜自分たちのお店をつくろう〜』というイベントを実施しました。前期は月1回の全体運営会議を行い、後期に小学生とのワークショップを5回実施します。最終日には前橋市教育長、商店街振興組合理事長、学長などの前で小学生とともに活動発表を行いました。参加する学生は児童教育コースなどの教員を目指す学生が多く、活動を通して児童との接し方、児童の多様性を学び、教師になる心構えを身に付けました。

　また、前橋市産業経済部と協働した「やる気の木プロジェクト」は、前橋市内の大学や専門学校など14校の学生が、前橋の中心市街地を活性化することを目的として発足しました。2015年度は学生97人と市役所若手職員12人が参加して、前橋中央通り商店街をフィールドに、学生によるイベントを企画・実施しました。学生たちは

前橋市との連携

▲Mキッズサミット：前橋市内の児童と一緒に各種プログラム活動を行っている

4月から隔週で運営委員会を開き、前橋合同学園祭、けやき並木フェスタ、前橋ハロウィーンの企画と運営を行い、延べ2万人以上の市民が来場する大規模なまちなかイベントを開催しました。参加した学生は中心市街地の現状を知り、地域活性化の難しさを体験して、より深い視点から地域課題を考えるように成長しました。

◆ 前橋市との連携事業

	プロジェクト名	連携部署	内容	参加人数 （2016年度実績）
教育活動	Mキッズサミット	・前橋市教育委員会 （前橋市生涯学習課、前橋市中央公民館）	前橋市内の子どもたちが集い、地域発見と発信をするプログラム。学生と市職員、NPO教育支援協会スタッフが協働して、小学生のグループ活動をファシリテートして実施。	学生26人 児童32人
	M-Change教室	・前橋市社会福祉課	いろいろな事情で、学習の機会に恵まれない中学生に英語・数学を中心に「寄り添いながら」学習支援を行う。NPO教育支援協会北関東が主催する学習教室「M-Change教室」に学生が運営スタッフ（講師）として参加。	学生44人 生徒64人
	やる気の木プロジェクト	・前橋市にぎわい商業課まちなか再生室	前橋市内の大学、専門学校の学生50人と市役所職員が協力して、中心商店街を舞台として、やりたい事を企画し、形にしていく「やる気」の活動。	学生8人
	「前橋学」講座	・前橋市生涯学習課 ・市内の各公民館	前橋市内の公民館との共催で、地域の人々が郷土の歴史について学ぶ講座に出席する。また地域の伝統行事に参加して、それを支える人々と交流する。	学生3人
	長期インターンシップ	・前橋市政策推進課 ・ごみ減量課 ・にぎわい商業課 ・選挙管理委員会 ・前橋市立図書館	将来の就職活動に備えて、企業・市役所・NPOなどで実際に仕事をしながら、社会に出るためのビジネスマナー、ビジネススキル、ビジネスマインドを学ぶ。後期の4カ月間を派遣先に通って、職場での実務研修を行う。実務研修後に企業・自治体の関係者を招いて成果報告会を行う。	学生8人

Ⅲ-2・企業、自治体、他大学との連携
C3PG
業界を超えて集まった
プロフェッショナルの会議の場

　「若者定着県域総ぐるみ計画」を実行するために組織されたのが、協働組織 C3PG (Consortium Center of Community Plus in Gunma) です。C3PG の役割は次の3点に集約されます。産・学・官・金・言・住（NPO など含む）のそれぞれの立場から幅広い知見を集合し、事業内容・事業実施状況を協議・精査して、本事業を実効性のある地方創生事業とする協議を展開すること。C3PG を構成する事業協働機関が、本事業の全体像を把握したうえで、自らの役割を事業全体の中に位置付けつつ、事業実施主体として、事業を推進すること。「ひと」、特に若者の地元定着を向上させる取り組みは、いわば県民運動的に県域に広く意識を共有して展開される必要があるため、本事業の県域への波及効果、広報効果を高めること。

　これらの役割を着実に果たしていくために、原則として、意思決定の主体となる各機関の代表者を構成員とし、また、協力校、協力機関も構成員に位置付けています。この C3PG 形成のプロセスにおいて、群馬県は県内全ての大学に呼びかけ、県域で一つの協働組織を形成することにより、スケールメリットを生かした地域資源の集約を図り、本事業の効果を最大化する体制を整えました。また群馬県の２つの COC 大学（本学・高崎商科大学）がしっかりと手を結ぶ体制も整えました。現在、本学、COC＋参加校、協力校合わせた在籍学生数は群馬県内全大学生数の 73％を占めるまでに至っています。今後は、事業期間中・終了後を問わず、C3PG に参画する大学、自治体、経済団体、企業、NPO などを増やし、規模を拡大していくことを目指します。その際、主体となる事業協働機関はもちろん、本事業に賛同し、取り組み単位で協力する協力機関も増加させる予定です。

　C3PG は定着促進、雇用創出、人材育成の３つの委員会を構成し、定期的に会議を重ねています。

◆ 県域総ぐるみ体制の構築

C3PG（協働機関コンソーシアム）

産業界
- 19団体
- 企業 14社
- 財団など 4団体
- NPO 2団体

社会連携教育／インターン・寄付講座／人材要件研究

COC＋事業推進大学

COC＋大学（申請校）: 共愛学園前橋国際大学

COC＋参加校3校: 高崎商科大学、上武大学、明治学院大学（首都圏拠点校）

大学 ⇄ **自治体**（協定）

大学COC、大学COC

地域産業人材育成／イノベーション人材育成／インバウンド人材育成

就職先確保／雇用創出／Uターン促進

自治体
- 群馬県
- 前橋市
- 伊勢崎市
- 高崎市
- 富岡市

協力校
- 群馬大学
- 群馬県立女子大学
- 群馬県立県民健康科学大学
- 前橋工科大学
- 高崎健康福祉大学
- 東洋大学・板倉C
- 群馬医療福祉大学
- 勢多農林高等学校

学生への広報／各種イベント誘客

Ⅲ-3・地域人材育成プログラム

サービスラーニングターム

半年間にわたる社会人体験で社会人基礎力をじっくり養う

　サービスラーニングターム（地域留学）とは、2年次の後期または3年次の前期に、海外留学と同様に、学内の授業に出席するのではなく、地域活動やインターンシップなどに参画することを可能とする制度です。約半年の長期にわたる地域における学修に対して、その学修内容に応じて一定の単位を付与することで、4年間で卒業することを可能にしています。

　具体的には「長期インターンシップ」という科目名で設定されています。これまでも本学では学生の約半数がインターンシップを経験してきましたが、これまでのインターンシップは約2週間の短期のものでした。しかし、インターンシップの本来の趣旨を鑑みると、長期のインターンシップの導入は不可欠です。また、地域企業や自治体、NPOなどと連携して実施することにより、単なる就業体験を超えた地域志向教育の一環に位置付けることができると考えました。同様に企業にとっても、長期インターンシップの受け入れは、社内の活性化や新たな視点の導入などのメリットも多く、地域産業の活性化にも寄与する取り組みとなっています。

　長期インターンシップでは、将来の就職活動に備えて、企業、市役所、教育委員会などで実際に仕事をしながら、社会に出るためのビジネスマナー（職場での行動の仕方）、ビジネススキル（仕事に役立つ能力）、ビジネスマインド（仕事をする心構え）を学びます。さらに研修先から提示されるテーマに取り組むことにより、単なる就業体験を超えた地域志向のマインドを身に付けることを目的にしています。

　平成27年度は、前橋市役所（政策推進課）、前橋市教育委員会（児童文化センター）、サンデン環境みらい財団、エアムーブ住宅（司建設株式会社）で本学の学生を受け入れてもらいました。履修学生は、事前に学内での事前セミナーと研修先についての調査を行い、10月から1月末まで、研修先に通って仕事に従事し、与えられたテーマに

取り組みました。研修後は事後セミナーに参加し、関係者への成果報告会で研修の報告を行いました。

4カ月間の実務研修を通して、学生の成長は目覚ましいものがあり、研修後も地域に関わる活動（広報まえばしワカモノ記者、ぐんまシューカツnet学生記者、共愛学園イレブンなど）を継続するなど、地域（産業）人材として育成されていることが分かりました。

▲前橋市ごみ減量課での長期インターンシップ

◆ サービスラーニング科目一覧

科目名	内容	履修者数
長期インターンシップ	事前研修を経てビジネスマナーを学び、企業団体などにおいて4カ月間の実務研修の経験を積み、仕事に対する心構えや仕事に役立つ能力を養う。 【派遣先団体など】前橋市役所、サンデン財団、エアムーブ住宅、前橋赤十字病院、NPO教育支援協会北関東	8人
RPWⅠ　学童プロジェクト	学生がプロジェクトチームを立ち上げ、学童クラブの運営を経験し、キッズイベントなどの企画実施に取り組む。学童保育の事業内容、社会的ニーズを調査して、学童クラブの設立を志向して活動する。また「群馬イノベーションスクール」に参加して、ビジネスプラン作りを学ぶ。	2人
RPWⅡ　人をつなげるNPOづくりプロジェクト	外国人生活者が多い群馬県で、外国にルーツを持つ児童生徒の支援をしているNPO団体と協働して、子どもたちが将来自立するプログラムづくりを行う。また「NPO法人いせさきNPO協議会 社会貢献ネット」の運営に関わり、ボランティア団体と学生の交流会など実際のNPO活動に参加する。	6人
RPWⅢ　共愛COCO	学生がプロジェクトチームを立ち上げ、群馬の地域課題（農業など）をテーマに活動。群馬県農政部委託事業「やま・さと応縁隊」に応募し、みなかみ町藤原地区平出集落との交流を通して、地域が抱える課題の解決にチャレンジする。	6人

※RPW：Regional Project Work。履修者数は2016年度実績、RPWⅠのみ2015年度実績
※2017年度から、RPWはプロジェクト別のⅠ～Ⅲから入門クラス、アドバンストクラス、リーダー育成クラスへ変更

Column

情報・経営コース　4年　**藤田　真衣**さん

4カ月間、前橋市役所の政策推進課に所属し、市民の方との交流やイベント運営などを行いました。市役所の仕事でイメージしていたのは事務作業だったのですが、実際は市民の方とどんどん関わっていくアクティブな仕事で、人と人との交流が大切だと感じました。仕事を通して学んだことをアウトプットしたいと思うようになり、現在も地域の魅力を広げる活動に参加しています。将来的には公務員になって、群馬の問題を解決する仕事がしたいです。

III−3・地域人材育成プログラム
Regional Career Training 副専攻

地域力×自分力×実践力＝地域人材

　本学は前橋市と一体的に大学 COC 事業を継続しつつ、さらなるカリキュラム改革を展開し、地域企業に求められる人材を育成することを目的にして、「Regional Career Training 副専攻」を設置しました。大学 COC 事業で設定した「地域志向科目」や新たに開設した「地域実践演習」、「長期インターンシップ」、さらにキャリア教育として行っている「総合科目：キャリアプランニング」、「コミュニケーション技法」、「インターンシップ」、そして本事業（COC＋）の事業協働機関である大学および企業とともにカリキュラム開発を行う「社会連携教育プログラム」を有機的に統合し、全学生対象のコース横断型カリキュラムを構築しました。

　「Regional Career Training 副専攻」は、「地域志向」「キャリア Plan」「実践 PRG（プログラム）」の３つの領域から構成されます。「地域志向」では、地域の歴史、文化、資源を学ぶことにより、地域に生まれ、地域に生きる人材としての誇りと地元愛を育み「地域力」を身に付けます。「キャリア Plan」では、地域人材として地域を支えるために、どういった能力が必要か、自分に何が足りないかを知り、社会人としての心構えとキャリア形成を学び「自分力」を身に付けます。そして「実践 PRG」では、地域産業界の協力を得て、地域にどういった企業があるのかを知り、地域の企業で働くことの意味や意義を自覚し、企業に就職するための基礎的なスキルを身に付けるとともに、就業先をイメージした実践的な育成プログラムを通して「実践力」を身に付けます。

　これらの領域のコンセプトは、群馬県の産業界の人材ニーズを基に設定したものであり、輩出する人材像は今後、県内で成長が見込まれる産業分野で必要とされるスキルセットを修得することを想定しています。なお、「実践 PRG」の科目の多くは、参加校、協力校の学生へも開放し、複数の大学の学生が共に学ぶカリキュラムとする予定です。また、本カリキュラムを広く地域社会、特に企業へと広報し、就職活動時に本副専攻

修了証が効力を発揮する環境を整えます。同時に、ポートフォリオに蓄積された学修成果を活用した就職時のマッチング支援システムの複数大学間共有の可能性についても検証しています。

　例えば、RCT副専攻の一つに、「イノベーション人材育成プログラム」という科目があります。これは、これまでジンズ、相模屋食料、コシダカホールディングス、上毛新聞社の協力を得ながら展開してきたGUNMA INNOVATION MEETING（GIM）をより実践的に改変し、企業課題をテーマとしたPBLを行う講義です。群馬県出身の経営者が招へいした起業家育成の専門家による起業実務や起業支援の実際についても学びます。起業家マインドの涵養と実践力の向上を促進することを目標とします。

◆ Regional Career Training 副専攻　授業科目

地域力
全20科目・4単位以上
（地域志向科目）

自分力
全6科目・6単位以上
（キャリアPlan科目）

実践力
全9科目・6単位以上
（実践PRG科目）

※○の中の数字は取得できる単位数です。

	地域志向	キャリアPlan	実践PRG
1年	地域社会学②／群馬を知る② 前橋市を考える②／環境政策② ボランティア実習②／地域実践演習Ⅰ～Ⅴ② Regional Project Work-A②	キャリア・プランニングⅠ② コミュニケーション技法②	取材インターンシップ② 企業人オムニバス講座②
2年	群馬の人と思想②／群馬の産業と社会Ⅰ/Ⅱ② 群馬の言葉と子ども② 地域実践演習Ⅵ② Regional Project Work-B②	キャリア・プランニングⅡ/Ⅲ② ビジネスコミュニケーション②	長期インターンシップ⑫ 群馬の経済を知る（2018年度開講予定）② イノベーション人材育成PRG② 実践マーケティング戦略②
3年	地域と子ども② Regional Project Work-C② 地域史研究②	キャリア・プランニングⅣ④	地域産業人材育成PRG（2018年度開講予定）④ インバウンド人材育成（2018年度開講予定）④ インターンシップ実習④

Column

教員の"熱"が学生に伝わり、広がっているのを感じます

前橋市政策部　未来の芽創造課　課長
谷内田　修さん

　これまで市役所は、市民の方からいただく税金を使って「市役所経営」をしてきました。しかし現在、そして今後の行政に求められるのは「市役所経営」から一歩進んだ「地域経営」であると考えています。前橋市という地域をよくするために、行政から積極的に地域にアプローチし、地域を改革することが求められているのだと思います。そう考えると、地域に存在する大学・企業との協力は必要不可欠です。本市は市長主導のもと、市に立地する大学や民間の皆さんと交流しており、それが強みだと自負していますが、それらの土壌をつくってくれているのが、共愛学園前橋国際大学の皆さんに他なりません。

　共愛学園前橋国際大学には、実に個性的な先生方がそろっています。より革新的な考え方をされている方々、と言い換えてもいいかもしれません。「まちをよくしよう」「地域と連携しよう」という強い思いを共有しながら、年齢や立場にこだわらず自由な議論を交わし、さまざまなアクションを起こされています。そんな情熱を持った先生方こそが、共愛学園前橋国際大学の魅力なのだと思います。我々行政の人間に対しても、いつも新しい考えやきっかけをくれています。

　また、COC事業で展開するイベントや活動には、共愛学園前橋国際大学の学生が積極的に参加してくれています。彼らを見ると、先生方が発する前向きな雰囲気が学生にちゃんと伝わっているのを感じます。先生方の地域志向がいい意味で学生に受け継がれており、ときには我々が驚くほどの考えや行動を見せてくれるのが嬉しいですね。

　今後、前橋市がさらに個性的で住みやすいまちになるためには、既存の問題を解決するだけではなく、大学や地域の皆さんとざっくばらんにまちの未来を考えながら、互いの知識や技術を交換し、新しい問いや交流を生み出す必要があると考えています。お互いの利点をうまく合わせるような、そんなつながりを共愛学園前橋国際大学の皆さんとも続けていきたいと思います。

KYOAI GAKUEN UNIVERSITY BOOKLET
EXTRA ISSUE

Chapter IV
「エビデンスベーストの自己評価」に基づく自律的学修者の育成

Ⅳ-1・概要

Ⅳ-2・学びの質向上と可視化

Ⅳ-1・概要

自律的学修者の育成と学修成果の可視化を目指して

　本学は2014年度「大学教育再生加速プログラム」に採択されました。採択にあたり評価された点は、すでにアクティブラーニングを用いた講義に全専任教員が取り組んでいたこと、アクティブラーニング専用に設計された校舎「KYOAI COMMONS」で主体的な学びに取り組んできたことなどでした。この先進的な教育をさらに充実・発展させるべく、現在、学修質保証システムを構築し、自律的学修者の育成とエビデンス（証拠）に基づく検証・改善を行っています。

　「自律的学修者」は文部科学省が推進する大学教育改革で求められる学生像でもあります。グローバル化が進む知識基盤社会では、必要とされる知が流動化するために、「答えのない問い」に主体的に取り組み、新たな知を創り出していく自律的学修者の育成が必要不可欠とされています。本学では、教育活動や学生生活を通して学生が卒業までに身に付けるべき力を「学修成果指標」として開発するとともに、e-ポートフォリオ＊や地元企業へのアンケート調査によって学修成果を可視化し、教育改善につなげる仕組みを構築して運用しています。

　学修成果の可視化を進める中で、本学の教育方針やカリキュラム、卒業時の目標であるディプロマポリシーに鑑みて、自律的学修者の育成に向けた「エビデンスに基づく自己評価」という考え方に至りました。本学では地学一体化教育を進めており、正課の講義でも地域や海外でのアクティブラーニングが多いだけでなく、準正課（卒業要件には含まれないけれども、教育意図をもって大学が推奨する活動）を含めた学内・学外活動や正課外活動が多く存在します。さらに、学生は大学とは別組織での活動やアルバイトも行っています。学生はこれらの学修・活動の総体として多様な能力を身に付け成長していきます。このような状況の中で、正課で身に付けた能力とそれ以外を区別して学生の成長を可視化することは困難ですし、場合によっては講義での教員による評価

＊：e-ポートフォリオ……web上で学修等を実証するための成果物（レポートなど）を個人Webページに蓄積できる仕組み

と、学生自身が認識する自分の成長が乖離(かいり)してしまうことも出てくるかもしれません。本学では学びを通して深く自己を理解し、自ら目標をもって成長していく力をもつ自律的学修者を育成することが、大学が掲げる学生中心主義の教育指針に最も合致していると考えました。そこで、学びの総体を評価する判断材料を最も豊富に持っている学生を、評価される側ではなく評価する側に位置付け、学生の自己評価を可視化の1つの軸に据えることにしました。

　大学には「学生が何を身に付けたか」という観点から、学生の学修成果を把握・評価して卒業を認定する説明責任が求められます。そのため、本学では講義における評価を改善していくことと同時に、学修成果の把握の方法として間接的な方法に位置付けられる学生の自己評価を重視し、より精度を高める工夫を検討しました。そして開発に至ったシステムが「エビデンスに基づく自己評価」です。学修成果の把握・評価を学生の自己評価に委ねる上での課題は、学生が根拠のない偏った自己評価を行うことです。その課題を解決するために、自己評価のための明確な規準を提示するとともに、eポートフォリオに蓄積した多様な学修成果を自己評価のエビデンスとして活用して判断できるようにシステムを整備しました。

　学修成果を可視化し評価するために、本学を卒業するまでに見つけるべき力の規準として学修成果指標「共愛12の力」を策定し、さらにその力を評価する際に基準とす

◆「共愛12の力」

軸	力	力の定義
識　見	共生のための知識	多様な存在が共生し続けることができる社会を築いていくために必要な知識
識　見	共生のための態度	多様な存在が共生し続けることを尊重する考えや行動
識　見	グローカル・マインド	地域社会と国際社会の関わりを捉え、両者をつなぐことで、地域社会の発展に貢献する姿勢
自律する力	自己を理解する力	自己の特徴、強みや弱み、成長を正確に理解する力
自律する力	自己を制御する力	ストレスや感情の揺れ動きに対処しながら、学びや課題に持続して取り組む力
自律する力	主体性	人からの指示を待つのではなく、自らやるべきことを見つけ、行動する力
コミュニケーション	伝え合う力	コミュニケーションにおいて、相手の意図を正しく理解し、自分の意図を効果的に伝達する力
コミュニケーション	協働する力	他のメンバーと協議しながら集団として目標に向けて行動する力
コミュニケーション	関係を構築する力	様々な他者と円滑な関係を築く力
問題に対応する力	分析し、思考する力	様々な情報を収集、分析し、論理的に思考して課題を発見する力
問題に対応する力	構想し、実行する力	課題に対応するための計画を立て、実行する力
問題に対応する力	実践的スキル	現代社会において、必要な基本的スキルと自らの強みとなる実践的スキル

る「共愛コモンルーブリック」（達成すべき目標を並べた表）を明示しました。「共愛12の力」は、建学の精神（学則第1条）、および、教育の目的（学則第3条）に定める本学の目指す人材像、ディプロマポリシーに基づいて策定しています。このディプロマポリシーに学士力、社会人基礎力といった汎用的スキルの要素を加え、本学の学修成果指標として4つの軸・12の力にまとめています。さらに本学と「地域人材育成及び地域文化発展のための連携に関する協定」を結んでいる前橋商工会議所の協力により実施したアンケート結果を踏まえ、「共愛12の力」を確定しました。

学生は4月に前年度の自らの学びを振り返り、自己の姿と「共愛コモンルーブリック」とを照らし合わせて現在の自らの力を多角的に評価します。ルーブリックを用いて自分で能力を評価することは、次の目標を立てる上で大きな役割を果たします。さらに、学生が就職などで自分の強みを表現する際に、企業の求める力を自分の具体的な学修や活動と結びつけて説明したりアピールしたりする上でも役立てることができると考えています。

学生が「共愛コモンルーブリック」を用いて自己評価するためには、根拠となるエビデンスが必要になります。そこで、本学ではe-ポートフォリオをさまざまな学修成果の蓄積と振り返りに活用するだけでなく、自己評価のエビデンスとしても活用できるシステムとして構築しました。それがKyoai Career Gate（略称KCG）です。KCGを中心とした「エビデンスに基づく自己評価システム」は、学修成果の指標を学生自身が主体的に創り上げるという経験を通じて、自律的学修者としての成長を促すための仕組みです。成績をはじめとする他者から与えられる成果の指標も、成績にはあらわれない学内外での広範な学びの経験も、全て自らの成長と課題を示す手がかり＝エビデンスであるという認識を育むことで、経験から自らの姿を振り返り、課題を見つけ、次の目標に向かって自律的に歩んでいく「学び続ける力」を伸ばしていくことができると考えています。

また、本学では自律的に学修できる力を育てるために、図書館を中心とした学修支援の充実にも取り組んでいます（後述p60）。そこで、本学が教育改革として進めているKCGと図書館の学修支援について説明します。

◆ 共愛コモンルーブリック（2017年度版）

4つの軸	12の力	レベル4	レベル3	レベル2	レベル1
識見	共生のための知識	共生のための社会の諸課題に対応するための、新たな知見を生み出すことができる。	共生のための社会の諸課題について、知識を組み合わせて、自分の考えを説明することができる。	所属するコースの専門的な知識を習得している。	文化、社会、地域、人間、自然、外国語に関する体系的な知識の習得に努めている。
識見	共生のための態度	多様な存在が共生可能な社会のために、考え、学び、行動し続けることができる。	多様な存在が共生する社会の中で、自分ができること、やらなければいけないことについて考えることができる。	社会が多様な存在で構成されていることを理解し、多様性を尊重する気持ちを持っている。	自分の態度や信念は他の文化やコミュニティーの態度や信念とは異なっているという自覚をもっている。
識見	グローカル・マインド	地域社会と世界をつなぎ、自らが暮らしている地域の発展に貢献するビジョンを持っている。	さまざまな学びを通じて、地域社会と国際社会の関わりについて自分なりの考えを持っている。	母国以外の政治・経済・文化・社会・歴史について知りたいという意欲がある。	自らの暮らし、学びの場である地域の経済・文化・社会・歴史について知りたいという意欲がある。
自律する力	自己を理解する力	さまざまな経験を振り返ることを通じて、自分の強み・弱み、成長を客観的に表現でき、将来に向けての自分をイメージすることができる。	さまざまな経験を振り返ることを通じて、自分の特徴、強みや弱み、成長を客観的に理解することができる。	自らの興味関心や特徴、長所や短所について考えながら、授業や学内外の活動に参加している。	授業や学内外の活動を通じて、自分の興味関心のありかを確認したり、新たな興味の対象を見つけようとしたりしている。
自律する力	自己を制御する力	ストレスや感情の揺れ動きと上手く付き合いながら、大きな困難に挑戦し、価値あることをやり遂げた経験と自信がある。	ストレスや感情の揺れ動きと上手く付き合いながら、困難な課題に取り組み続けることができる。	達成が容易でない課題でも、最後まで粘り強く取り組むことができる。	設定した目標に向かって、取り組むことができる。
自律する力	主体性	達成困難な課題であっても、解決の方法を模索しながら、自ら動き続けることができる。	自らすべきことを見つけ、行動し、その結果を振り返り、次の行動に生かすことができる。	指示を待つのではなく、自分の状況を判断した上で、自らすべきことを見つけ、行動している。	指示を待つのではなく、何をすればよいか、するべきかを見つけようとしている。
コミュニケーション力	伝え合う力	レベル1〜3を複数の言語で行うことができる。	適切なコミュニケーション手段・スキルを用いて、自分の伝えたいことを分かりやすく表現することができる。	コミュニケーションの状況や相手の立場を考慮して、伝達方法を工夫することができる。	発言や文章の論点を正しく理解することができる。
コミュニケーション力	協働する力	良いグループになるための条件を常に模索し、他のメンバーへの働きかけを通じて、グループの目標達成に貢献することができる。	多様な意見や立場、利害を把握した上で、グループ内の関係性構築に貢献できる。	グループでの自分の役割、責任を理解し、自分なりにグループに貢献することができる。	他者の発言をよく聞き、会話の流れをしっかり追いながら、グループに協力することができる。
コミュニケーション力	関係を構築する力	自分とは異なる価値観や文化を持つ他者や、バックグラウンドが大きく異なる他者とも円滑な関係を築くことができる。	互いの状況や立場についての理解を深め合うことにより、相手と円滑な関係を築いていくことができる。	相手の状況や立場を理解し、共感を示しながらコミュニケーションすることができる。	自分の気持ちを一方的に伝えるだけでなく、マナーを守り、相手を尊重してコミュニケーションすることができる。
問題に対応する力	分析し、思考する力	必要な情報を収集し、多角的な視点から分析を行うことで、新たな課題を発見することができる。	情報・資料の分析を通じて、物事を多面的に見ることにより、問題の新たな側面を発見することができる。	自ら情報・資料を収集し、それらを分析し、自分なりに考察することができる。	与えられた情報・資料を客観的に読み取ることができる。
問題に対応する力	構想し、実行する力	収集した情報や知識を活用しながら合理的な計画を立て、着実に実行することができる。	計画の進捗状況を確認し、必要に応じて計画を修正しながら、着実に実行していくことができる。	大きな問題が生じなければ、自分の立てた計画通りに実行することができる。	取り組むべき物事に対して合理的な計画を立てることができる。
問題に対応する力	実践的スキル	問題解決に役立つさまざまなスキルを組み合わせて、状況に応じて柔軟に活用することができる。	自らの強みとなるスキルを身に付け、問題に対応することができる。	学びに必要な基本的な事柄を自らのスキルとして活用できる。	学びに必要な基本的な事柄（コンピューターの使い方やレポートの書き方など）を理解している。

Ⅳ-2・学びの質向上と可視化

ラピタデスク

先輩学生によるレポート指導
学生同士だからこそ理解も深まる

　本学ではさまざまなピアチューター制度＊を取り入れています。英語に関する指導やサポートを行う「アカデミックピアチューター」、中国語に関する指導やサポートを行う「中国語チューター」、そして「ラピタデスク（Library Peer Tutor Desk）」です。

　ラピタデスクは、2015年度から開始した図書館の学修支援の一つです。研修を受けた約20人の学生チューターが、主に1年生に対してレポートの書き方を中心としたサポートを行っています。1年生はレポートを書くことに慣れていないため、学術的に定められたルールに従って、論理的に自分の意見を述べることをとても難しく感じています。自分では分かりやすく述べたつもりであっても、実際には意見の根拠を示していなかったり、他の人の意見と自分の意見の区別があいまいだったり、文法的にも正しい形で整えられていない場合が散見されます。そこで、学生はレポートを提出する前に、構想中の文章や完成したレポートをラピタデスクで一緒に見直し、自分の意見を再度整理したり、アカデミックライティングとして必要なレポートの形式をチェックしたり、自分の文章表現のクセを発見したりします。教師から一方的に不備な点を指摘されるのとは異なり、学生自身でどこができていないかに気付いて主体的に修正したり、よりよい表現を考えたりすることができます。それらの作業を通して、論理的に思考して文章を書くことに対する理解が深まります。

　ラピタデスクをはじめとするピアチューター制度は学習支援の充実を目的としていますが、学生にとって教えるという行為は自身の理解も深めるため、チューターの学生にとっても貴重な学びの機会となっています。現役の学生であり、まだ卒論を書いていないラピタデスクのチューターにとって、よいレポートとはどういうものか、自分でしっかり理解しなければ助言できませんし、相談者の理解が深まるような助言や、自ら修正点に気付くための方法についても、常に工夫を求められます。また活動を通

＊：ピアチューター制度……研修を受けた学生が他の学生に指導すること

して、日頃の講義中にもその論理的思考力やスキルを発揮することが期待できます。

運用2年目となる2016年度は、1年生の半数以上の学生が利用しました。今後は、1年生全員にラピタデスクを1回以上利用してもらうことを目標に、今後も初年次教育の充実と、学力向上に努めていく予定です。

さらに、図書館ではラピタデスク以外にも、司書による情報検索講座やレポート支援講座を開催したり、図書館の情報検索システムを更新し読みたい文献をより簡単に入手できるようにしたり、学修環境の向上にも取り組んでいます。これにより、図書館への来館者数と図書の貸出数が年々増加しており、着実に授業外学修の場として活用されるようになっています。

▲月曜日から金曜日の3限と5限がラピタデスクの開設時間となっている。予約がいっぱいのときなど、相談する学生数に合わせて臨時に対応したりすることもある

Ⅳ−2・学びの質向上と可視化

自己評価と公開履歴書システム(KCG＋S)

4年間の学びと成長を全て記録
就職活動でも役に立つ最先端システム

　図1は学生用の Kyoai Career Gate（KCG）のトップ画面です。トップ画面には、左側のプロフィールの下に「共愛12の力　自己評価」のセクションが1年次から4年次まで設けられています。中央には講義の学修成果物を蓄積したり、講義外学修としてのグループワークなどを記録したりする「学内活動」と、語学留学、海外旅行、ボランティア、アルバイトなどを記録する「学外活動」「資格取得」「読書履歴」のセクションがあります。そして右側には、目標と振り返りを記録する「学年振り返り」と履修年度ごとの「講義振り返り（履修情報一覧）」を記録できるセクションがあります。学生は学内だけでなく学外からでもKCGにアクセスすることができ、いつでもどこでも学修や活動の記録を投稿したり、確認したりすることができるようになっています。

　毎年4月のオリエンテーション期間に、コース別の学年ごとに担当教員が同席するリフレクションの時間を設け、学生はKCGの「共愛12の力　自己評価」と「学年の振り返り」を記入します。まずは12の力ごとに学修や活動の記録を横断検索し、蓄積した学修記録の一覧を確認したり、関連する講義の履修状況を確かめたりして自分の成長のエビデンスを確認します。次に自己評価の画面で、ルーブリックを用いて12の力ごとにレベルを選択し、その下の「エビデンスにした活動や講義」について記載します。さらに、「学年の振り返り」では、これを踏まえて自分の学びや成長を4つの軸ごとに振り返り、成長と課題を明確にするとともに、新年度の学びの目標を立てて記入します。このようなリフレクションを通して自己評価する力は、学修成果指標の4分類の1つである「自律する力」を身に付けることでもあります。また、担当教員とのリフレクション面談で自ら自分を語ることを通して、自己評価できる力が高まります。

　さらに、KCGはKCG＋S（ショーケース）の機能を備えています。学生はKCGに

自己評価と公開履歴書システム(KCG+S)

蓄積したさまざまな学修活動と学修成果物の中から、特に自らの特徴と成長を示す記録を「学びと成長のハイライト」として選択し、自動的に個別の学外公表ページを生成することができます。このURLを伝達することで、特定の学外者に対して自らの学びの記録を公開できます。このKCG+Sは就職活動時における「公開履歴書」としての利用を想定しています。このように、KCGを有効活用することで、学修成果を自分の成長として客観的に意味付け、他者を納得させるだけの成長のエビデンスを蓄積することができます。これにより、これまでの学びや活動と結び付けて自分の強みだけでなく弱みを自分らしさとしてPRできるようになります。

◆ 図1　エビデンスベーストの自己評価システム(KCG)のトップ画面

◆ 図2　KCG運用イメージ

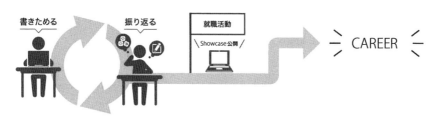

ⓖ グローカル力は鍛錬できる
グローカル人材育成プロジェクト委員会

平成29年3月31日　初版発行

編　集　共愛学園前橋国際大学
　　　　〒379-2192　群馬県前橋市小屋原町1154-4
　　　　TEL　027-266-7575（代表）

発　行　上毛新聞社事業局出版部
　　　　〒371-8666　群馬県前橋市古市町1-50-21
　　　　TEL　027-254-9966

ⒸKYOAI GAKUEN UNIVERSITY 2017